今いちばん伝えたいのは、「何はともあれ食べること」

地元・福岡で毎月料理教室を開催しています。私と同世代の方がたくさんお見えになります。この教室で、生徒さんの近況や料理に求めていることをお聞きするのが、私の楽しみでもあり、新しい料理のヒントを得る情報収集の場でもあるのですが、最近特に多いのが「食べられなくなってきた」「料理を作るのが面倒になってきた」という声。「夫の食が細くなって、何を食べさせていいかわからない」とおっしゃる方もいました。

人間は何歳になっても、栄養を摂《と》り続けなければいけないのです。特に炭水化物と

（写真上2点）自宅のキッチンスタジオにて。デモンストレーション用の調理台のまわりには参加者全員が座り、食材のこと、調理のことなど質問を受けながら実演をします。
（写真右）キッチンの横には、オフィススペースを設えています。朝、教室の準備をしている時間には、企業や出版社からの電話に対応することもあります。

たんぱく質は新陳代謝を繰り返す体に必要な素材として、継続して補給していかなくてはいけません。そのためには、料理に関するハードルを少し下げることをおすすめします。

今回は、私が実際に食べている朝昼晩の3食をご紹介します。朝は何年も変わらない定番セット。昼は簡単に麺。大好きで食べ飽きないし、エネルギー補給にうってつけです。夜は買ってきた惣菜《そうざい》＋アルファ。これでもいいのです。食べ方・作り方を工夫して必要な栄養素を賢く摂る。体が求めているものを少しずつでも食べ続けていれば、明日の元気につながっていきます。

村上祥子 82歳の
リアルな1日3食を
お目にかけます

夫を見送って10年。
ひとり暮らし歴・ひとりごはん歴も
10年になりました。
日々めまぐるしい時間を過ごす中で、
朝昼晩、毎回じっくり料理する
余裕がないことも多いので、
工夫して食べ続けます。
脳と体のエネルギー源・炭水化物は
3食必ず摂ることを
心がけています。

朝のパワフルミルクティー

朝食の前、目覚めの1杯に飲みます。
長年の習慣ですが、加えるものは少しずつ増えて、最近アマニ油が加わりました。
ミルクティーを飲み終えたら自家製にんたまジャム®（105ページ）をペロリ。

たんぱく質 10.4g

材料〔1人分〕
水…180ml　ティーバッグ…1個
牛乳（または豆乳）…100ml
A「大人のための粉ミルク おなかにやさしい」
…スプーンにこんもり2杯（10g）
砂糖・またはきび砂糖…スプーンにこんもり1杯
粉ゼラチン…小1パック（5g）
アマニ油…小さじ1

〔作り方〕
1 マグカップに水を入れ、ティーバッグを加え、電子レンジ600Wで2分加熱する。
2 ティーバッグを取り出して、粉ゼラチンを加えて溶かし、牛乳を注ぎ、A、アマニ油を加えて混ぜる。

村上式 朝の定番食材9

管理栄養士として常に最新の栄養学に触れてきた中で、自分の食事にも取り入れて定着したおすすめ健康食材です。

卵

たんぱく質 6.1g
1個（Mサイズ）50gあたり

朝1個の卵は長年の習慣となっています。ゆで卵や温泉卵など何個か作りおきして冷蔵庫に常備。早朝から出張で出かける際は、おにぎりにゆで卵をプラスして持っていきます。

自家製1人分冷凍パック

たんぱく質 10g前後

料理の際に余った食材を「たんぱく質（肉や魚など）50g＋野菜100g」の組み合わせで、一緒にジッパーつき保存袋に入れて冷凍しておきます。食べるときは電子レンジ600Wで4分加熱。朝は味噌汁の具にすることが多いですが、麺類の具や炒め物にも使えます。

発芽玄米・白米ミックスごはん

たんぱく質 4.0g
茶碗1杯（150g）あたり

エネルギー源として欠かすことのできない炭水化物。食物繊維、GABA（γ-アミノ酪酸）、ビタミン、ミネラルが豊富な発芽玄米を白米にプラスして炊いて、150gずつ小分けにして冷凍しておきます。

アマニ油

オメガ3脂肪酸を豊富に含む油として注目のアマニ油。血管や脳、細胞など、さまざまな体の機能維持にすぐれた働きをしてくれます。サラダや器に入れた味噌汁にかけるなど、加熱せずに摂取するのがポイント。

チーズ

たんぱく質 3.5g

6Pチーズ1個（17g）あたり

卵と同様、私の朝ごはんにチーズは欠かせません。個包装のタイプは、出張に行くときのお弁当によく入れます。少し奮発して輸入チーズを味わう日もあり、冷蔵庫には常に数種をストックしています。

粉ミルク

たんぱく質 5g

20gあたり

雪印ビーンスタークの「大人のための粉ミルク おなかにやさしい」を愛用中。たんぱく質、カルシウムの他にも20種のビタミンとミネラルがバランスよく含まれています。乳糖を約90%カットしているので、お腹がゴロゴロして牛乳が飲めない人でも大丈夫です。

納豆

たんぱく質 8g

1パック（50g）あたり

血栓を分解して血液をサラサラにする効果のある酵素ナットウキナーゼをはじめ、たんぱく質、ビタミン、ミネラルをたっぷり含んだ発酵食品。個包装の商品が種類豊富にあるので、冷蔵庫に必ず数個は入れてあります。

粉ゼラチン

たんぱく質 4.6g

1袋（5g）あたり

1969年から続けている私の健康習慣。ゼラチンは腱や筋肉のつなぎの役割をするアミノ酸を豊富に含みます。

牛乳・豆乳（無調整）

たんぱく質

牛乳：3.3g　豆乳：4.2g

100mlあたり

5ページのパワフルミルクティーに、牛乳か豆乳のどちらかを加えています。ミルクティー以外でも、電子レンジで軽く温めた牛乳や豆乳をよく飲みます。牛乳が体質に合わない方は、無調整の豆乳がおすすめです。

電子レンジを活用してたんぱく質アップ。私の朝のルーティン・レシピ

朝はとにかくしっかりバランスよく食べます。パターンは決まっていて、納豆、卵、チーズと野菜＋肉か魚を入れた味噌汁、そして玄米・白米をミックスしたごはん。定番のおかずを決めておくと楽です。あとは味噌汁の具材を替えてみたり、前日の残り物や余った素材をアレンジすれば、飽きません。レンチンで作る味噌汁や温泉卵で、たんぱく質もしっかり摂ることができます。

冷凍パック味噌汁

材料〔1人分〕
〈自家製1人分冷凍パック〉
アサリ50g、
にんじん（いちょう切り）と
かぶ（ひとくち大に切る）
…合わせて100g
水…150ml
液味噌…小さじ2

〔作り方〕
1 耐熱容器に冷凍パックの中身を移す。
2 1に水を入れ、液味噌を加えて冷凍パックの袋をラップ代わりにのせ、電子レンジ600Wで5分加熱する。

簡単温泉卵

材料〔1人分〕
卵…1個
水…小さじ1
めんつゆ（2倍濃縮）
…小さじ1/2

〔作り方〕
1 耐熱容器に水大さじ3（分量外）を入れ、冷蔵庫から出したばかりの卵を割り入れる。
2 耐熱皿をかぶせ、電子レンジ600Wで50秒加熱する。
3 水とめんつゆを合わせて器に入れ、温泉卵をスプーンですくって移す。

❶発芽玄米・白米ミックスごはん（150g）	4.0g
❷味噌汁（アサリ、にんじん、かぶ）	10.7g
❸納豆（小ねぎの小口切り）	3.6g
❹きゅうりのぬか漬け＋赤かぶの漬もの	0.2g
❺チーズ（パルミジャーノ・レッジャーノ）	4.4g
❻簡単温泉卵	6.1g
❼にんたまジャム	0.6g
❽バジルペースト	1.0g

合計 たんぱく質 30.6g

村上式昼食
昼は麺でエネルギー補給

大好きな麺に頼っています

実は今、40年前に受けた口腔外科手術の後遺症と格闘しております。強く噛むと歯茎が痛くて、食べられるものに限りがある状態なのです。無類の麺好きですから、ひとりでお昼を食べるときは麺を食べやすく調理します。粒のごはんと違って麺は粉を固めたものです。うまく噛めていなくても、胃まで送ればアミラーゼが分解してくれます。にんにくや油を使ったレシピのほうがエネルギー代謝も乳酸の除去も期待できますから、疲労回復にもうってつけ。パスタは細麺のカッペリーニを使い、市販のパスタソースを利用します。またはそうめん、そばをアレンジしたお手軽ランチもよく食べます。

電子レンジで乾麺を加熱する方法

POINT

- 水から加熱する
- 水の量は鍋のときの約1/2
- 加熱時間はパッケージの表示時間＋α（下の表参照）
- 一度に加熱する量は乾麺200gまで

乾麺の量	水の量	加熱時間
50g	250ml	表示時間+2分30秒（600W）
100g	500ml	表示時間+5分（600W）
200g	1000ml	表示時間+ 10分（600W）

ふきこぼれやすいので、直径22cm以上の大きめの耐熱容器を使用。
ラップはかけません。途中で混ぜなくても、くっつきません。
麺は加熱が進む過程でくにゃりと曲がってお湯に落ちます。
心配な方は麺を手で半分に折って入れてください。
最初から麺を平らに収めることのできる長方形の耐熱容器を使用しても便利ですね。

スパゲッティ・アラビアータ

シンプルなトマトソースのスパゲッティは飽きません。たんぱく質はチーズで摂ります。チーズが大好きなので、スライスチーズにすりおろしたパルミジャーノ・レッジャーノとW使いです。粉末のパルメザンチーズでも、もちろんOKです。

材料〔1人分〕

カッペリーニ(乾燥)…100g
市販のトマトソース…1パック
パルメザンチーズ…大さじ1
あればバジルペースト…10g
あればバジルの葉…数枚
黒こしょう…少々

〔作り方〕

1 耐熱容器に水500mlを入れ、カッペリーニをふたつに折って加える。ふたはしないで電子レンジ600Wで8分加熱する。湯を切る。
2 1にトマトソースを加えてあえる。
3 器に盛り、耐熱容器に残ったソースもかけ、パルメザンチーズをかけ、バジルを散らし、黒こしょうをふる。

＊ボロネーゼやカルボナーラといったたんぱく質が豊富なパスタソースも種類が増えてきました。常備しておくと手軽なランチに活躍します。

簡単麺

パスタは、乾麺をレンチン加熱＋市販のソースを基本とすれば、作るハードルはぐっと下がります。中華麺やひやむぎは、具にひと工夫してたんぱく質をプラス。栄養バランスが満点ではなくても、昼はこのくらい摂れればよし、と楽な気持ちで食べましょう。麺類上等！ではありませんか。

カッペリーニの和風しょうゆガーリック

最近は既製品のパスタソースが優秀で驚きます。忙しいときは利用させてもらいます。
スパゲッティの中では細いカッペリーニがゆで時間が短いうえ、
食べやすく、気に入っています。

材料［1人分］
カッペリーニ(乾燥)…100g
市販の和風しょうゆガーリックソース
…1パック

［作り方］
1 麺を電子レンジで加熱する(10ページ参照)。または鍋でゆでる。湯を切る。
2 和風しょうゆガーリックソースを加えてあえ器に盛り、刻みのりが添付されていれば、のせる。

＊既製品のソースにしっかり味がついているので、カッペッリーニをゆでるときに塩は加えません。

きつねそば

お腹がそれほどすいていないときは、具は甘じょっぱい油揚げでじゅうぶん。
私は「油揚げのほたほた煮」として好みの味で手作りしていますが、
市販品で問題なし。粒マスタードをのせて混ぜながら食べるのがお気に入りです。

材料〔1人分〕

そば(乾燥)…90g
〈つゆ〉
水…300ml
和風だし(顆粒)…小さじ1/2
A
しょうゆ…小さじ1
うすくちしょうゆ…小さじ1
酒…小さじ1
砂糖…小さじ1/2
油揚げの甘辛煮…2枚
小ねぎ(小口切り)…たっぷり
あれば粒マスタード…適量

〔作り方〕

1 麺を電子レンジで加熱する(10ページ参照)。または鍋でゆでる。湯を切る。
2 鍋に水、和風だし、Aを入れて火にかけ、煮立ったら火を止める。
3 丼に1の麺を入れ、2を注ぎ、油揚げの甘辛煮と小ねぎをのせ、好みで粒マスタードを添える。

小ねぎたっぷりカルボナーラ

クリーミーなカルボナーラがときどき食べたくなります。
小ねぎを白いソースの上にたっぷりのせて、からめながらどうぞ。

材料〔1人分〕
カッペッリーニ(乾燥)…100g
市販のカルボナーラソース
…1パック(70g)
小ねぎ(小口切り)…たっぷり
黒こしょう…少々

〔作り方〕
1 麺を電子レンジで加熱する(10ページ参照)。または鍋でゆでる。湯を切る。
2 カルボナーラソースを加えてあえ器に盛り、小ねぎをのせる。黒こしょうをふる。

冷凍アサリでボンゴレ・ビアンコ

アサリのワイン蒸しに、麺をからめて、アサリのだしを味わいます。
細いカッペリーニだと、しっかりだしがからんで、風味が増します。

材料〔1人分〕

カッペリーニ(乾燥)…70g
アサリ(冷凍)…200g
白ワイン…大さじ1
オリーブ油…大さじ1
赤唐辛子(輪切り)…2 ~ 3個
あればバジルの葉…数枚
あればにんたまジャム…大さじ1
黒こしょう…少々

〔作り方〕

1 鍋にアサリを入れ、白ワインをふりかけ、ふたをして強火で加熱する。蒸気が上がってきたらふたを取り、アサリの口が全部開いたら火を止める。
2 カッペリーニを電子レンジで加熱する(10ページ参照)。または鍋でゆでる。湯を切る。
3 2を1に加える。オリーブ油、あればにんたまジャム、赤唐辛子を加え、中火で煮汁がなくなるまで加熱し、火を止める。バジルの葉をちぎって加え、黒こしょうをふる。

＊にんたまジャムの作り方は105ページに掲載しています。

あんかけ焼きそば

かりっと焼き目をつけた麺に、
具の入ったあんをからめて食べるのが楽しい。
具はたくさん用意をしなくても、
カニ風味かまぼことたまねぎでも
じゅうぶんおいしいです。

材料〔1人分〕

中華麺(蒸し)…200g
サラダ油…小さじ1
たまねぎ…30g (すりおろす)
カニ風味かまぼこ…20g (1.5cm幅に切ってほぐす)
水…100ml

A
- おろしにんにく…小さじ1/2
- しょうゆ…小さじ1
- 酒…小さじ1
- 鶏がらスープの素…小さじ1/4
- ごま油…小さじ1/2
- 片栗粉…小さじ1

青のり…少々

〔作り方〕

1 中華麺は4～5cmの長さに切る。
2 フライパンを温め、サラダ油を流し、1を入れて片面だけ焼き目をつける。
3 鍋に水を入れ、たまねぎ、カニ風味かまぼこ、Aを加えて火にかけ、とろみがついたら火を止める。
4 器に2を盛り、3をかけ、青のりをふる。

ひやむぎの納豆だれ

麺だけではさすがに寂しいので、つけだれに納豆を加えて、納豆そば風に。
さっぱり食べられて、たんぱく質を補給できます。

材料〔1人分〕

ひやむぎ(乾燥)…70g
納豆…1パック(45g)
小ねぎ(小口切り)…適量
A
- 納豆に添付のたれ…1パック
- 納豆に添付の溶き辛子…1パック
- しょうゆ…大さじ1
- みりん…大さじ1
- 水…大さじ2

〔作り方〕

1 小鉢に納豆と小ねぎを入れ、Aを加えて混ぜておく。
2 鍋に熱湯1ℓを沸かし、ひやむぎをさばき入れ、次に煮立ったら中火にして5～7分ゆでる。ざるに上げ、冷水で2回ゆすぎ、ざるへ上げる。
3 2を器に入れ、水をかぶる程度に注ぎ、あれば氷を加える。1につけていただく。

そうめん冷やし中華

赤黄緑茶のカラフルな具は包丁を使わずに準備できるものばかり。
きゅうりの代わりにバジルペーストを添えると、にんにくの風味が新鮮です。

材料〔1人分〕

そうめん(乾燥)…30g
鶏ひき肉…50g
錦糸卵(市販品)…20g
カニ風味かまぼこ…5g
バジルペースト
… 適量
水…40ml
A
- しょうゆ…小さじ1
- 酢…小さじ1
- 砂糖…小さじ1
- ごま油…小さじ1/4

塩…少々

〔作り方〕

1 水にAを加えて、かけつゆを作る。
2 鶏ひき肉は耐熱ボウルに入れ、ふんわりとラップをし、電子レンジ600Wで1分加熱。取り出してほぐし、鶏そぼろにする。錦糸卵は細かく刻む。カニ風味かまぼこは食べやすい長さに切ってほぐす。
3 熱湯でそうめんをゆで、冷水でゆすぎ、ざるへ上げて水切りし、幅5㎝に刻む。
4 器に盛り、1をかけ、2とバジルペーストをのせる。

村上式夕食
夕食は市販の惣菜に
野菜をプラス

市販の惣菜やレンチンを活用

夕食では朝、昼のごはんでじゅうぶんに摂れなかった野菜や海藻で食物繊維、ビタミン、ミネラル、ファイトケミカルの補給を心がけています。といっても、簡単にできるメニューにしたいと思います。市販の袋入りのおでんを冷蔵ストックしています。電子レンジで温めますが、ゆで卵は膜が張っている食材と同じ扱いで3cmほど切り目を入れて温めます。電子レンジ対応の土鍋に移し、ふんわりとラップをかけ、電子レンジ600Wで10分加熱。加熱時間の目安は100gあたり600Wで2分ですが、やや短めにします。おでんは熱々よりも温かいぐらいがおいしく感じます。

おでん（市販品）1パック

217kcal ／ たんぱく質 18.5g

［中に入っている具材］
ゆで卵　ちくわ
ごぼう入りさつま揚げ
こんにゃく　しらたき
大根

発芽玄米・白米ミックスごはん（150g）

236kcal ／ たんぱく質 4.0g

自家製冷凍ほうれん草 1パック（130g）

23kcal ／ たんぱく質 2.2g

野菜不足は、ジッパーつき保存袋に入れて冷凍しているほうれん草で補います。ジッパー袋の口を少し開け、耐熱容器のふたにのせ、電子レンジ600Wで2分30秒加熱。取り出して水を注いで冷まし、しぼっておでんにプラス。野菜はおでんに入っている大根47g、こんにゃく40g、しらたき30g、プラスほうれん草130gで、計247g。これだけあれば、眠っている間の腸活も、翌朝のお通じもバッチリだと思います。

合計 たんぱく質 **24.7g**

レンチンで魚料理

年齢とともに作るのが面倒になる料理のひとつに魚があるようです。電子レンジだと1切れ単位で簡単においしく仕上がるので、ぜひ取り入れてください。

サケの味噌焼き

味噌に漬け込む時間は必要なし。
味噌を塗って電子レンジで加熱すれば、焙《あぶ》り焼きしたような仕上がりに。

材料［1人分］

サケ(甘塩)…1切れ(約100g)

A
- 味噌…大さじ1
- 砂糖…大さじ1
- 酒…小さじ1

青じそ…1枚
大根おろし…適量

［作り方］

1 サケは皮に切れ目を入れる(はじけるのを防ぐため)。
2 Aの材料を混ぜてサケの両面に塗り、2～3分おく。
3 20㎝角のクッキングシートの中央に2の両面のAを取り除いてのせ、指にサラダ油(分量外)を付けてサケの身と皮に塗る。シートの両端を持ち上げて、キュッとねじる。
4 耐熱皿にのせ、電子レンジ600Wで2分加熱する。
5 取り出して、サケをクッキングシートからはずし、器に盛り、青じそと大根おろしを添える。

サバの味噌煮

鍋で魚を煮るときは、対流を起こして熱を伝えるため水を加えますが、電子レンジでは調味料のみで加熱すればよいのです。煮汁がないので臭み成分トリメチルアミンが出ることもなく、生臭さが抑えられます。

材料〔1人分〕

サバ(3枚おろし)…1切れ(約70g)
ピーマン…1個(約30g)

A
- 味噌…大さじ1
- 砂糖…大さじ1
- 酒…大さじ1

〔作り方〕

1 サバは中骨がついていればはずし、皮に縦1本切れ目を入れる(身の内部にこもった蒸気を逃がし、皮をはじけさせないため)。
2 ピーマンは4つに切り、種を除く。
3 耐熱容器にAを入れて混ぜ、1を皮が上になるようにしておき、スプーンでAをすくってサバにかけ、2をのせる。
4 ふんわりとラップをかけ、電子レンジ600Wで2分加熱する。
5 取り出して器にサバを盛り、ピーマンを添え、煮汁をかける。

気分を変えてごちそうの日

今日は、少し豪華なごはんをしっかり食べたい。そんな日もありますね。お刺身を1枚ずつたれにくぐらせ、ごはんにのせる丼なら、簡単に手作り気分を味わえます。酢めしより普通のごはんを合わせるのが好きです。

お刺身丼

その日の気分で刺身は何でもOK。
1枚ずつたれにくぐらせて、ごはんの上に並べます。
量は多くても少なくても、自由自在にお楽しみください。

材料〔1人分〕
ごはん(温かいもの)…150g　マグロ(刺身用)…40g
タイ(刺身用)…40g
〈たれ〉
A［しょうゆ…小さじ1
　 みりん…大さじ1/2
青じそ…1枚　焼きのり(半切り)…1/2枚
練りわさび…適量

〔作り方〕
1 青じそはせん切りにし、水に放してざるへ上げ、キッチンペーパーに包んでしぼってほぐす。焼きのりは1.5cm角くらいにちぎる。
2 丼にごはんを盛る。
3 マグロとタイは4切れずつに切り、小ボウルで合わせたAにくぐらせ、2のごはんの上にのせる。
4 1と練りわさびを添える。

＊たれが余ってもごはんにはかけない。

簡単ディップでたんぱく質補給

たんぱく質補給に重宝しているのが、ディップです。冷蔵庫で数日間は保存可能なので、作りおきして、食事のときに食卓に並べてつまんだり、仕事の合間のプチおやつにしています。

豆腐クリーム

ふんわりと甘いクリームです。
デザート感覚で食べます。

材料

絹ごし豆腐…200g

A ［スキムミルク…大さじ3
　 はちみつ…大さじ1

あればフルーツソースとビスケット…適量

〔作り方〕

1 豆腐は2枚重ねにしたキッチンペーパーに包んで耐熱ボウルに入れ、電子レンジ600Wで4分加熱する。
2 ボウルにキッチンペーパーを取った1を入れ、ハンドミキサーで滑らかになるまで混ぜる。さらにAを加えて混ぜ合わる。
3 あればフルーツソースをかけ、ビスケットにつけながら食べる。

＊冷蔵で4日保存可能。

サーモンチーズディップ

クリーミーな風味で軽いおやつにもぴったり。

材料

サケ(水煮缶)…小1缶(80g)

A
- マヨネーズ…大さじ5 (60g)
- ホイップクリーム(市販品)…大さじ5 (40g)
- パルメザンチーズ…40g

黒こしょう…小さじ1/4

[作り方]

1 サケは汁を切って、キッチンペーパーに包み、固くしぼる。

2 ボウルにA、キッチンペーパーを取った1、黒こしょうを入れて混ぜる。好みの野菜スティック(分量外)を添えて食べる。

＊冷蔵で4 ～ 5日保存可能。

肉味噌ディップ

野菜にもごはんにも合います。

材料

鶏ムネひき肉…100g

水…50ml

A
- ごま油…小さじ2
- 味噌…大さじ2
- 砂糖…大さじ4
- 酒…小さじ2
- しょうゆ…小さじ1と1/2

[作り方]

1 鍋に水とAを入れて火にかける。沸騰したら火を止め、鶏ムネひき肉を加えて混ぜる。

2 再度、火をつけ、弱火で7分、木べらで混ぜながら煮詰め、混ぜた跡が残るようになったら、火を止める。

3 常温まで冷まし、ふたつき容器に移し、冷蔵する。好みの野菜スティック(分量外)を添えて食べる。

＊冷蔵で5 ～ 6日保存可能。

簡単おやつ

教室の生徒さんの話を聞くと、「本当に何も作りたくない」と気力を失っている人がいますね。でも、生活の中にちょっとオシャレ心も欲しいそうで……。教室で大人気のクリームチーズを使ったお手軽デザートをご紹介します。たんぱく質、脂質、糖質＋フルーツのクエン酸と食物繊維が補えます。

簡単チーズケーキ

ふんわりと甘いクリームです。デザート感覚で食べます。

材料〔1人分〕
好みのビスケット…1枚
クリームチーズ…適宜
ヨーグルト…大さじ1
ラムレーズン…適量

〔作り方〕
1 器にビスケットを置いてクリームチーズをのせ、ヨーグルトをかける。
2 ラムレーズンをのせる。

フォンテーヌブロー・ア・ラ・クレーム

クリームチーズを切って、市販のホイップクリームをしぼり、
グラニュー糖をパラパラとふって完成!
れっきとしたフランスの伝統的デザートなのですよ。

材料〔1人分〕
クリームチーズ…ひとくち大のかたまり1個
ホイップクリーム(市販品)…大さじ1
いちご…1/2個　またはグレープフルーツ…1房
グラニュー糖…少々

〔作り方〕
1 器にクリームチーズを置いてホイップクリームをしぼる。
2 いちごを縦に切ってのせ、または薄皮を取ったグレープフルーツを2つに切ってのせて、グラニュー糖をふりかける。あればミントの葉をちぎって添える。

自家製栄養ドリンク

食欲がないときは、糖分を加えた手作りドリンクでエネルギーをチャージします。

マーマレードくず湯

柑橘《かんきつ》ジャムのほのかな酸味がアクセント。

材料〔1人分〕
片栗粉…小さじ1
水…小さじ1
砂糖…大さじ1
熱湯…90ml
マーマレード…小さじ2

〔作り方〕
1 グラスか湯のみに片栗粉を入れて、水を加えてしめらせる。砂糖を加えて混ぜ、マーマレードも加えて、熱湯を少しずつ注ぎながら箸などで混ぜる。
2 とろみが足りないときは電子レンジ600Wで30秒ほど加熱する。

黒糖くず湯

甘味ととろみで体も心もほんわか温まります。

材料〔1人分〕
片栗粉…小さじ1
水…小さじ1
黒砂糖(粉)…大さじ1
熱湯…60ml

〔作り方〕
1 グラスか湯のみに片栗粉を入れて、水を加えてしめらせる。黒砂糖を加えて混ぜ、熱湯を少しずつ注ぎながら箸などで混ぜる。ぽってりととろみがついたらOK。
2 とろみが足りないときは電子レンジ600Wで30秒ほど加熱する。

塩砂糖レモンのサワー

クエン酸で疲労回復、気分がリフレッシュします。

材料［500ml容量の瓶1個分］

レモン…3個(450g)

A
- 塩…100g
- グラニュー糖…150g

［作り方］

1 レモンは皮を洗って拭き、幅5㎜の輪切りにする。

2 ボウルにAを合わせ、1を加えてまぶす。

3 瓶に2を詰め、電子レンジ弱(100～200W)または解凍キーで30秒加熱。

4 ふたをして冷蔵。翌日から飲めるようになる。大さじ1に対し、冷たい炭酸水100mlの割合で割る。

目次

今いちばん伝えたいのは、「何はともあれ食べること」 2
村上祥子 82歳のリアルな1日3食をお目にかけます 4
村上式 朝の定番食材9 6
村上式朝食 8
村上式昼食 10
村上式夕食 20
簡単ディップ 26
簡単おやつ 28
自家製栄養ドリンク 30

はじめに　38

第一章　何歳になっても「食べ力®」を持つ

その場がなんとかしのげればいい「おひとりさまの簡単自炊」　44
生きている流れを止めないために、食べ続ける　54
電子レンジで毎食「でき立て」料理を　57
「食べ力」を持って生きる　64
サルコペニアとフレイル　65
フレイルとサルコペニアの予防にはまず「たんぱく質」　68
たんぱく質ちょい足し　71
炭水化物を軽視してはいけない　72

発芽玄米はやっぱりいい 76
村上式「朝たん」×2 79
赤黄緑の「3色食品群」を基本にする 81
3色を自分流で取り入れる 83
たんぱく質と野菜は「ひとり鍋」でクリア 90

第二章 体の不調とつき合っていく

不調対策には 94
にんにくパワーは素晴らしい 102
食が細くなってきたら「間食」をこまめに摂る 111
飲み込みづらいと感じるときは、
小さく切るだけの「ひとくち食」を 112

歯のトラブルとは、40年以上のつき合い 113
骨量が年齢相応に 117

第三章 料理家・村上祥子の現在形

かっこよく生きたい 122
夫との別れから10年 今は自由になりました 124
わくわくする素材 127
テレビ出演、とんぼ返りで東京へ 133
ムラカミ流仕事術 135
自分のためにお金を使う 138
旧友とのつき合い 140
死について 142

第四章 元気の素！福岡の「料理教室」

最初の料理教室 144
日々、更新 147
お互いに、元気をチャージ！ 150
すべての質問に答えます 151
生徒さんから見た私、「村上先生」とは 152

おわりに 155

はじめに

みなさん、こんにちは！　村上祥子です。
『料理家　村上祥子式　78歳のひとり暮らし　ちゃんと食べる！　好きなことをする！』を集英社から出版してから4年が経《た》ちました。私は現在82歳です。料理本の撮影、料理教室、講演会……。相変わらず、毎日せっせと働いています。

地元・福岡の西日本新聞に火水木金の週4日、「村上祥子のきょうの一品」を連載しています。料理写真は自分で撮り、原稿に添付して担当者にメールで送ります。43年間続いているコラムです。

ある日、ムラカミの自宅兼料理スタジオに読者の方から電話がかかってきました。

「今年の夏は格段に暑くなるといいますね。夏バテ防止に、にんにくの酢漬けを作ろうと思い、村上さんの記事の切り抜きを見ているのですが、酢100mlと書いてあります。これ、どれくらいですか？」

100mlは1／2合《ごう》強ですから、

「1升《しょう》2升のはかり方で〝合〟がありますね。1合はわかりますか？」と私。

「わかりますよ！」

「にんにくを酢で漬けると中に含まれている鉄分のせいで緑色になることがあるので……」と説明しようとしたら、「この切り抜きに、それは書いてありますたい！」。

声の感じから、年配の方のようです。おたずねしたら「96歳です」。ご立派、と感心！

近年は、これまでほとんど料理をしてこなかった男性読者からの問い合わせも増えてきました。

「電子レンジ料理で2倍の分量を作りたいとき、加熱時間はどうしたらいいですか?」とメールで質問が届きました。「時間も2倍すればいいんですよ」と簡潔に答えたら、すぐに返信が。

「人生も半ばをすぎて、自分で料理してみようとするのだけど、うまくいったためしがなくて、料理のセンスがないんだとあきらめてきた。たまたま村上さんの電子レンジ料理の本を購入して作ってみたら、おいしくて店で食べるような味だった。もうひとつ作ったら、そちらもなかなか上手《うま》くできて……」

　女性だけが一家の食事作りを担っていた時代は終わり、これからは、誰もが自分で作って食べて生きていく覚悟がいるなぁ……と改めて感じます。長年、料理研究家としてたくさんのレシピを発表してきましたが、今の時代は、レシピ未満の〝食べ方アイデア〟のようなものも必要とされているのではと考えるようになりました。本書では、80代やそれ以上の人でも、今まで料理をしてこなかった人でも、健康的な生活を送れる方法をお伝えできたらと思っています。

どうぞよろしくお願いいたします。

第一章

何歳になっても「食べ力®」を持つ

その場がなんとかしのげればいい「おひとりさまの簡単自炊」

まわりを眺めてみると、ひとり暮らしの高齢者にとって健康な食生活の維持はなかなか大変なものだ、と痛感します。特に男性は料理に関して母親や妻が語っていた常識にとらわれていたり、きちんとしたものを作らなくてはと構えてしまうようです。それが1日3回となると、大ごとですね。まずは今日を元気にすごすために、できる範囲での食事を用意して食べる。そこから始まります。

あれこれ難しく考えず、「今日1日がしのげればよし」でいきましょう。とにかく1日のうち1食は自分で作って食べられるようになってほしい。そんな思いから、料理初心者のおひとりさまでも気軽にできる自炊を考えてみました。

炭水化物を摂る

ごはんでもパンでも麺でもいいので、まずは炭水化物を摂ることを考えましょう。

*ごはんを食べる

〈炊飯器でごはんを炊く〉

炊飯器はありますか？　ＩＨ機能はついていますか？

それなら最高！　早速、米を洗いましょう。米に水を注いで、手の付け根でギュッと米を押して、手のひらで米を裏返して、またギュッ。水を捨てて新しい水を注いで、次のギュッ。これを水が澄むまで繰り返す。昔はこんなふうに教えられてきましたが、今はそんなことはしません。

1　ボウルにすっぽり入るざるを重ねて米3合を入れます。
2　水道の水を米がかぶるまで注ぎます。
3　手か泡立て器で10回かき回します。
4　ざるをスポッと上げ、ボウルの水を捨ててざるをボウルに戻します。

この後、2→3→4のプロセスを2回繰り返します。これでおしまい。

洗った米を炊飯器の内釜に入れ、水を3合の目盛りまで注ぎます。

炊飯器の早炊きモードのボタンを押して炊飯スタート。早炊きモードなら炊飯時間は20分ほどです。

ＩＨ（電磁誘導加熱《インダクション・ヒーティング》）という言葉は普及しても機能を知っている人は意外と少ないです。ＩＨ炊飯器は、電子レンジ同様の電磁誘導加熱と昔ながらの電気釜の炊飯機能がダブルで働く仕掛けになっています。電磁誘導加熱で、米1粒1粒に均等に熱を伝え、短時間でもふっくらと炊き上がります。早炊きモードは、時間がないときに仕方なく選ぶものでおいしく炊けない、と思い込んでいる人がいますが、心配無用です。毎回、早炊きモードでいきましょう。

ごはんはその日に食べる分を除いて、150gずつに分けて、電子レンジにかけられるふたつきの容器に詰めます。常温で冷ましてから冷凍します。食べるときにふたを取って水大さじ1をかけ、電子レンジ600Wで2分30秒加熱。これで炊き立てのようなふわふわの温かいごはんになります。始めに水大さじ1をかけるのは蒸気をじゅうぶんに出すためです。

もっと早く炊きたい？　炊飯器がない？　それなら電子レンジで炊いてください。

〈**電子レンジでごはんを炊く**〉

1　1合の米を洗って水切りをし、直径22㎝の耐熱ボウルに入れて、1・3合（230㎖）の水を入れます。

2　両端を5㎜ずつあけてラップをし、電子レンジ600Wで5分加熱します。沸騰していないときは、さらに1分加熱します。

3　電子レンジの弱（150〜200W）または解凍キーに切り替え、12分加熱します。

なぜこれだけ早く炊けるのか？　米は約15％の水分を含みます。電子レンジで使われる電磁波は1秒間に24億5千万回も振動するのですが、分子量の小さな水の分子は、この振動についていくのにぴったり。米のまわりの水と米自体の水分の両方に働きかけるので、いわば米粒の内からも外からもダブル加熱されるようなもの。炊く前の浸水時間がゼロでもふっくらと炊けるのです。

＊パンを食べる

パンは買ってくるだけ。トースターがあれば焼く。なければ、ちぎってナイフでバターを少しかきとってつけて食べる。

これだけ。

バゲットやプチパンなど、プレーンなパンがおいしい。多めに買ったときは1回に食べる量に分け、ポリ袋に入れて空気を抜き、口を閉じて冷凍。1人分なら、電子レンジ６００Wでラップはせずに10〜20秒加熱で温かくなります。

＊麺を食べる

そうめん、そば、スパゲッティ、インスタントラーメンなど保存が利く乾麺を購入。うどんは、冷凍庫で場所を取るのが難点ですが、冷凍うどんがコシがあって断然おいしいです。

私は1人分として乾麺100gをゆでます。みなさんは一度試して多いと思ったら、次回は好みの量に減らしてください。

鍋に湯1ℓを沸かします。鍋がなければフライパンでもOK。そうめん、そばのゆで湯に塩は不要。ゆであがったら、水ですすぎます。スパゲッティなら湯1ℓに塩小さじ1を加えます。次に沸騰したら中火にして、袋の表示時間どおりにゆで、ざるに上げます。スパゲッティは塩を加えないで作られるので、ゆでるときに塩を加えます。ゆであがりにすすぐ必要はありません。

そうめん、そばなら、市販のめんつゆに規定量の水（つけつゆなら水、かけつゆなら熱湯）を加え、パック入りの刻み小ねぎ、チューブ入りのしょうがや練りわさびを添えて食べます。

もう少し手をかけたいときには、たれのアレンジを試してみてください。

〈納豆だれ〉（1人分）

ひき割り納豆1パック、刻み小ねぎ適量、チューブ入りのおろしにんにく小さじ1/2、チューブ入りのおろししょうが小さじ1/2、みょうがの小口切り1個分、青じそのみじん切り2枚分、うすくちしょうゆ(またはしょうゆ)大さじ2、みりん大さじ2を混ぜ合わせます。

〈明太わさびだれ〉(1人分)
辛子明太子(切子でも可)20gは中身を取り出し、チューブ入りの練りわさび小さじ1/2、しょうゆ大さじ1、みりん大さじ1を加えて混ぜ、冷水大さじ2を加えてさらに混ぜます。

ゆでたてのスパゲッティには、チューブ入りのおろしにんにく、タバスコ、オリーブ油、塩、こしょうをふってまぶすだけでも超オ・イ・シ・イ。これでスペシャル簡単「アーリオ・オーリオ・エ・ペペロンチーノ」です。

「ひとり味噌汁」で野菜を摂る

福岡の他に東京・西麻布にもスタジオを構えていた時期がありました。当時は福岡－東京間を行ったり来たりの日々。週に2、3回往復することもありました。

私が留守の間、どんなごはんを準備しているのかと人からたずねられましたが、実際は何もしていませんでした。夫の啓助さんは立派な大人。自分でそれなりに工夫するだろうと思ったからです。彼が作っていた「ひとり味噌汁」は、自炊初心者にちょうどよいと思います。

〈レンチン野菜の味噌汁〉

1 なす、じゃがいも、にんじん、小松菜などの野菜を洗ってひとくちサイズに切ります。

2　はかりに耐熱容器をおいてメモリをゼロに合わせ、1種類ずつ野菜を入れ、正味重量をはかります。

3　1種類ずつふたをのせるかふんわりとラップをして、電子レンジ600Wで加熱。加熱時間は野菜100gにつき2分で計算。取り出して容器のまま冷まし、冷蔵庫へ。

4　食事のとき、はかりに耐熱容器（茶碗、カフェオレボウル、マグカップなど）をおいてメモリをゼロに合わせます。

5　3の野菜を2〜3種類冷蔵庫から取り出し、4の器に200g分入れ、水150mlを加えます。

6　電子レンジ600Wで7分加熱。取り出して液味噌大さじ1を加えます。

電子レンジで野菜たっぷり味噌汁の完成です。

主菜は外で好きなものを買う

我が亭主によりますと、たんぱく質主体のメインのおかずは、「お金がとれる」のでデパ地下でもスーパーでも数多くおいてあるのですって。だから、わざわざ自分で作る必要なし、ということでした。サケの塩焼き、サバの味噌煮、ハンバーグ、とんかつ、焼き鳥、竜田揚げ……と個食サイズのパックがずらり並んでいるところから、その日に食べたいものを買ってきてお皿にのせる。これでOK。

生きている流れを止めないために、食べ続ける

長い人生、心身の老化を加速させないために大切なこと、それは栄養素密度の高い食事です。成長と老化はひと続きです。『分子栄養整合療法』という考

え方があります。人間の体を構成する細胞が正常な状態で働くように、必要な栄養素を適量補給することで、自然治癒力が高まる。つまり「栄養バランスのよい食事をしている人は衰えにくい。病気になっても治りが早い」ということなのです。私たちの体の中では絶え間のない分解と合成、いわゆる新陳代謝が繰り返されています。食べているからこそ、怪我《けが》をしても傷が治り、活性酸素や有害な物質で調子が悪くなっても体調は回復していきます。生きているという流れを止めないために、私たちは食べ続けなければなりません。

私はたまたま料理が仕事となったおかげで、仕事でも私生活でも、毎日料理を作る人になりました。おかげさまで、「あれ……!?」という失敗や物忘れもあまりなく、生きています。

歳をとると食事そのものがおっくうになります。買い物も、作ることも面倒になります。今、料理をしない人が増えています。

料理は先端技術のあふれる現代社会の中で、とりわけ、生活の基本に戻る仕事です。材料を調達し、下ごしらえして加熱し、皿に盛り付けて食べることは、人間の活動の原点なのです。料理しながら火加減を見て、合間に付け合わせの野菜を洗って刻む。料理は脳トレそのものです。

手、足、指先、注意力、判断力、運動神経、過去の記憶、美意識……、あらゆる機能をフルに使って、毎回「できた！」「おいしい！」という成功体験を得られる料理。毎日キッチンに立っている限り、脳は安泰だと私は思っています。

私たち夫婦はともに母親を若くして亡くしていたこともあり、双方の父親、子ども3人、そしていつもワイワイ集まってくる夫の勤務する会社の独身男性たちにごはんを作ってきました。やがて時は流れ、夫とふたり暮らしになり、そして夫が亡くなった今、私はひとりで暮らしています。生活環境は変わりましたが、日々〝今の自分〟に合わせた料理を作って食べ続けています。

シニアになっても自覚を持って、自分らしく毎日を生活することが求められている時代だと感じます。

電子レンジで毎食「でき立て」料理を

私が初めて「電子レンジで料理をする」ことにひらめいたのは40年前、大学で糖尿病治療食のメニュー開発に取り組んでいたときです。使用する食材の制限がないこと、油を使用しなくても100%加熱できるという2点がポイントでした。少量でおいしく仕上げるのは他の調理道具では難しく、電子レンジが最適だと気づいたのです。

シニアの食事作りには電子レンジが強い味方となります。電子レンジを使いこなすためにおさえておきたいポイントをお伝えします。

電子レンジ料理のメリット

1　調理が簡単

火加減を調整する必要はありません。分量と加熱時間さえ守れば、料理が苦手という人や初心者でもおいしく作ることができます。

2　短時間でできる

電子レンジの電磁波は食材の表面だけでなく内部まで効率よく届いて加熱します。直火を使って加熱する場合より短い時間で火を通すことができ、調理時間が短縮されます。

3　食材の栄養を逃さない

電子レンジを使うと鍋で煮るよりも少ない水分で、または水分を全く加えずに調理できるので、栄養分を逃しません。

以前、NHKのテレビ番組『ためしてガッテン』に出演したとき、「肉じゃが」を作りました。

電子レンジと鍋で作った肉じゃがを試料として日本食品分析センターに提出。結果、含まれる栄養素の量は、アミノ酸もビタミンCも電子レンジに軍配が上がりました。

4 火を使わないので安全

ガスコンロと違い、うっかり火を消し忘れたり、近くのものに火が燃え移ったりということが起こりません。

5 片づけが楽

電子レンジから料理を取り出して、そのまま食卓に並べることができます。

余分な調理器具も使いません。洗い物が少なく、片づけの手間も減らせます。

電子レンジ料理のポイント

1　調理時間は食材100gにつき2分（600W）

どんな素材でもどんな切り方でも、冷凍でも常温でも同じ。

2　ラップをする

＊ふんわりとラップをする　中に水蒸気がこもり、蒸す状態になります。水分量の少ない食材に向いています。

＊両端をあけてラップをする　汁気があるもの、炊飯やカレー、シチューのときは水蒸気を適度に逃がし、ふきこぼれを防ぎます。

＊ラップをしない場合　水分を飛ばしてパリッとさせたいとき。揚げ物のあたため直しなど。

市販の惣菜をレンチンする場合は、容器のふたを取って耐熱皿に中身ごとひっくり返してのせます（最近はたいていの容器に「レンジＯＫ」とありますが念のためチェックしてください）。ラップ代わりになります。

3　皮や膜のある素材は切れ目を入れる

皮や膜のある食材は電子レンジで加熱すると破裂することがあります。魚の皮や腸詰めウインナー、イカなどは包丁の先で小さく切れ目を入れておきます。骨なしの切り身魚の場合は、下にクッキングシートを敷くと取り出しやすく、くずれ防止になります。

肉や切り身魚を、電子レンジで加熱して食べる方法を紹介します。

電子レンジのW数別加熱時間表

500W	600W	700W	800W
40秒	30秒	30秒	20秒
1分10秒	1分	50秒	50秒
1分50秒	1分30秒	1分20秒	1分10秒
2分20秒	2分	1分40秒	1分30秒
3分	2分30秒	2分10秒	1分50秒
3分40秒	3分	2分30秒	2分20秒
4分50秒	4分	3分30秒	3分
6分	5分	4分20秒	3分50秒
7分10秒	6分	5分10秒	4分30秒
8分20秒	7分	6分	5分20秒
9分40秒	8分	6分50秒	6分
10分50秒	9分	7分40秒	なし
12分	10分	8分30秒	なし

〈肉の場合〉

ペーパータオルで水気を取り、肉の上に油をひとたらしし、指でのばす。塩、こしょうをふって、ラップをして100gにつき2分加熱（600W）。しょうゆ、オイスターソース、ポン酢など好みの味つけで食べる。

〈切り身魚の場合〉

ペーパータオルで水気を取る。皮つきなら皮に切れ目を、カジキなど皮がない場合は、身の部分を包丁の先で3か所ほどつく。ラップの上に味噌小さじ1と砂糖小さじ1を指で混ぜたところに魚をのせて、両面につける。ラップなしで100gにつき2分加熱（600W）。

電子レンジ料理で気をつけたいこと

1　加熱しすぎない

レシピの時間を基本に、加熱してください。加熱しすぎると、食材がかたくなります。加熱後もレンジに入れっぱなしにすると、まだ電磁波が残っていてさらに加熱が進むことになります。

本書のレシピでは600Wの加熱時間を掲載していますが、W数が違う場合は右ページの表で調整してください。

2　器の耐熱温度を確認

耐熱性でないもの、耐熱温度が120℃未満の器は不向きです。また、ステンレス、漆《うるし》、金や銀の絵付けが施された器、紙や木製の器などは使えません。

「食べ力」を持って生きる

2002年、朝日新聞紙上で全国学校給食協会理事長の細井壮一氏と「食育《しょくいく》を考える」というテーマで対談をしました。その場で、私は日頃から考えていた「食べ力《ぢから》」という言葉を初めて公《おおやけ》の場で使い、熱く語りました。「食べ力」は、自分の体のためにどんな食べ物を選んで食べれば健康的に生きていけるか、という知識を身につけ、実践する力を意味します。対談後、「食べ力」は、学校栄養職員の間で流行語となりました。現在でも、小学校へ出向いて、子どもたちに食育の授業を行うときや、給食に携わる職員向けの講演会などで「食べ力」について語っています。

最近、実感していることは、食育は子どものみならず、大人にも必要である、ということです。成長と老化はひと続き。体ができあがり、壮年期を経て、老年期に入っても、「食べ力」は大切です。

年を重ねていくと、体にも心にもさまざまな変化が起きてきます。食べ物の好みが変わる、料理がおっくうになる、作ってくれる人がいなくなる。それでも食べ続けるためには、どうすればよいのか。必要な栄養知識を身につける。できる範囲で自分に合わせた食べ方を工夫する。簡単な料理でいいから日々食べ続ける。そんなサイクル全体が「食べ力」だと思っています。

サルコペニアとフレイル

「何歳になっても、生きている流れを止めないために食べ続けなければいけない」とは、どういうことか。もう少し詳しくお話しします。

高齢者にサルコペニアとフレイルが増えている、という話を最近よく耳にします。ただこの2つはセットで語られることが多く、違いがわかりづらいのです。


サルコペニアは、加齢によって筋肉量が減少し、筋力や身体機能の低下を引き起こしている状態です。

私はよくバスに乗るのですが、前の人が乗降口を上がるときに、下で待つことがありました。あるとき、前の女性を後ろから観察していると、片方の足を段にかけて、体をステッキで支えているのに、踏んばれずに脚がぶるぶると震えてしまっているのです。私より若いと見受けられるビジネスウーマンでした。

また、デパートの食品売り場に買い物に行くと、あちこちで、肩や腰に片手をあてても一方の手で商品を取ろうとしている人たちが目に入ります。骨密度が低下し筋力が衰えて、きちんとした姿勢を保てないんですね。

かくいう私も、最近サルコペニアを体験しました。私の歯は現在、すべて義歯です。数年前、最後の歯を義歯に替えたとき、噛《か》み合わせが悪くなり、肉や魚をしっかり噛むことができなくなりました。そのため、サルコペニアになったようです。バス停までの道路は側溝に向かって傾斜があります。まっすぐ歩いているつもりでも、角度のついた道では、足をつく位置が少しずつ溝のほうにぶれていくのです。体幹が定まらなくなってきたのを実感しました。

いっぽうフレイルは、身体機能だけでなく、精神的にも、社会生活面にも衰えがみられる状態をいいます。サルコペニアになれば、気も弱くなり、フレイルにもなりますよ。

昔の知り合いからときどき電話があります。90歳の男性です。ひとりで暮らしています。奥さんは認知症になって施設に入っています。話し相手がいないから寂しいようで、以前は「近くまで行くから、ごはんでも食べよう」と誘われることがあったのですが、最近は、歩けないそうです。歩いても、すぐに転んでしまうのだとか。おそらく、栄養不足の食生活が続いた末に、気力も失われてしまったのでしょう。あれこれアドバイスが頭に浮かびますが、〝余計なお世話はやめよう〟と控えています。

フレイルとサルコペニアの予防にはまず「たんぱく質」

筋肉を維持するためにはたんぱく質を摂らなければいけません。たんぱく質はアミノ酸に分解され、筋肉や臓器がつくられます。

厚生労働省によって2000年から始まった、目標数値を決めて国民の健康増進を図る取り組み「健康日本21」では、2013年に始まった第二次で、たんぱく質量の摂取基準の見直しが行われました。たんぱく質摂取量と「虚弱」の関連をデータで表した論文『女性3世代研究』(2011〜2012年 児林聡美他/栄養疫学専門家)も根拠のひとつになったようです。

全国の栄養士養成学校の新1年生で、母、祖母が健在のそれぞれ7000人ずつ、合計2万1千人を対象に調査をしたところ、たんぱく質の摂取量が1日70g未満の人は、虚弱になるリスクが高いことがわかったのです。「虚弱」とは、筋肉が弱って階段を上がったり、歩いたりなどの日常生活に支障をきたす状態のことです。

当時、私からこの話を聞かされた夫は「大丈夫だ! ぼくはお肉70gぐらい、1回で食べている」と自信満々。これを聞いて私は、栄養学を50年やってきた自分と、一般の人との違いを理解しました。

たんぱく質とたんぱく質食品は違います。

例えば、脂肪の少ない赤身の牛もも肉100gに含まれているたんぱく質は、約20g。1日にたんぱく質70gを摂るためには、肉に換算すると350g必要になります。食材により、たんぱく質の含有率は違いますが、大まかな目標として1回の食事にたんぱく質食品120〜130gを食べることを目指したいと思います。朝食を例に挙げると、納豆1パックと卵1個、豆腐の味噌汁を摂れば、120〜130gのたんぱく質食品とカウントできます。

また、一度の食事で吸収できるたんぱく質の量は決まっているため、〝食べ貯めをする〟ことができません。たんぱく質が不足すると、体は自分自身の筋肉を分解し始めます。ですから筋肉を維持するためには毎食、たんぱく質食品を食べ続けなければいけないのです。

たんぱく質ちょい足し

毎食、肉や魚をしっかり食べるのは大変、という声を聞くことがあります。
そんな方には、たんぱく質補給にひき肉をおすすめしています。

〈ひき肉でたんぱく質プラス〉

1　ひき肉は牛豚鶏《とり》どれでもOK。200gにつきしょうゆ・酒・砂糖各大さじ1を加えて混ぜます。

2　鍋に入れ中火で炒《い》りつけてもいいし、電子レンジなら耐熱容器に入れてラップをし、600Wで100gにつき2分加熱します。

ごはんにのせる、冷ややっこにかける、味噌汁にふりかける。合うと思うものには何でもかけます。

魚であれば、刺身か缶詰と割り切ります。刺身は普通にしょうゆを添えて。気が向けば1枚ずつしょうゆにくぐらせ、丼ごはんにのせて、海鮮丼風に。缶詰は中身をボウルにあけてマヨネーズであえて食べる。またはボウルにあけたらお湯を注いで液味噌で調味して、即席味噌汁に。

料理とはいえないいような食べ方ですが、簡単な方法で自分が好きなものを増やしていく、くらいに気軽に考えていいかなと思うようになりました。

炭水化物を軽視してはいけない

たんぱく質とともに重要なのが、炭水化物です。「糖質オフ」という考えが広まって、ダイエットのために炭水化物の摂取量を減らしたり、夜は摂らないという人たちがいます。

炭水化物は体内でブドウ糖に分解され、体を動かすエネルギー源となる大切な栄養素です。特に脳は、一定の速度でブドウ糖を消費します。炭水化物が不足すると、集中力や判断力が低下し、疲労感も出てきます。また不足したブドウ糖を得るために、自分自身の筋肉を分解し始めます。

私は朝晩、発芽玄米と白米を1：2の割合で炊いたごはんを、茶碗1杯（150g）ずつ食べています。基礎代謝に必要なエネルギーは主食の炭水化物から摂る、と決めているからです。

起きてすぐは食欲がないからと朝食を摂らない方もいますが、それではその日1日、元気に働く力がわきません。

「夏は食欲がないからと朝食を抜いていた母が、あわやというところで緊急搬送されました。大事に至らずホッとしました。先生から教えていただいた〝体は24時間操業の工場のようなもの〟という言葉が身にしみてわかりました」と、生徒さんからメールが届きました。

そうです。1日24時間を3で割って8時間。朝、昼、晩の3回の食事のたびにブドウ糖（糖質）55gを供給できていれば、疲れ知らずに元気に動くことができます（75歳女性の場合）。

ブドウ糖55gを摂取する各食品の目安量はこれくらいです。

発芽玄米・白米ミックスごはん茶碗1杯（150g）
コンビニおにぎり1と1／2個（150g）
食パン（6枚切り）1と1／2枚（90g）
バゲット90g
ロールパン3個（90g）
ゆでうどん1パック（240g）

中華蒸し麺1パック（120g）
ゆでそば1パック（190g）
ゆでスパゲッティ170g

「時間栄養学」という考えがあります。「何をどれだけ食べるか」の栄養バランスだけでなく、「いつ、何をどのような比率で食べるか」も大切という考え方です。

時間栄養学によれば、朝食を抜くと、体が自動的にエネルギー節約モードになり、その日の活力が低下してしまうということです。朝起きて、「さあ、今日も時間は無限大！」と張り切るくらい私が元気なのは、卵や納豆のたんぱく質食品に野菜100g入りの味噌汁、そして炭水化物の朝食をコンスタントに摂っているからだと思います。

もうひとつ大切なこと。それは、筋肉や骨をしっかりキープするためにも、炭水化物が重要な役割を果たすということです。肉や乳製品を食べると、消化酵素がそれらを分子レベルにまで分解し、血流にのせて必要な箇所まで運びます。そして代謝酵素が働いて、筋肉や骨に合成されます。このとき働く酵素もある意味、生き物なのです。力を発揮するためにはブドウ糖から生み出されるエネルギーが必要です。

「やせたい！　美しくなりたい！　疲れ知らずになりたい！」と思っている人は、炭水化物をきちんと摂取してこそ、実現できるのです。

発芽玄米はやっぱりいい

長年、発芽玄米と白米を1：2の割合で炊いたミックスごはんを食べています。みなさんにも食べていただきたいと心底思っています。

第一章

何歳になっても「食べ力®」を持つ

うちのスタッフのまかないごはんも玄米ミックスです。料理本やテレビ番組の撮影チームの昼食には好みがありますから、玄米ミックスごはんと白米の2種を用意します。

「高齢の母が白米ばかり食べるんです。栄養のことを考えると玄米に変えたいのだけど、好物だからしのびなくて……」という相談を受けました。

亡くなった夫も白米が好きでした。当時は彼の好みに合わせていましたが、今は「玄米も食べてもらえばよかったかな」と思うこともあります。

慣れの問題ですね。息子一家は、孫が物心ついて以来、玄米派。孫が小さいとき、一緒におるすばんをして、削り節の佃煮《つくだに》を作ったことがあります。孫が自分で炊飯器のふたを開けて佃煮をのせたラップに玄米をのせておにぎりを作り、ほおばっていた光景が忘れられません。食べ慣れることが必要ですね。

玄米は抑制性の神経伝達物質であるGABA《ギャバ》（γ《ガンマ》－アミノ酪酸）を多く含みます。興奮や緊張を抑えて、ストレスや苦痛を和らげる効果があるとのこと。

朝起きたら、すぐ働き始める私は、いくつもの案件を同時に進めています。そのときの気持ちの安定剤として、エネルギー源として、欠かせない食材です。

発芽玄米は、水にひたして発芽した玄米を乾燥させたものです。発芽した芽には、稲に育っていくのに必要なミネラル、ビタミン、食物繊維が多く含まれ、腸活にも最適です。

脳腸相関といいますね。脳と腸はお互いに密接な関係にあります。発芽玄米は、お腹《なか》の調子を整え、余分なものをためこまず、快適にすごすための大切な相棒です。30年近く、発芽玄米ごはんを炊飯器で炊いています。水に15分浸《つ》けてから、を守るとおいしく炊けます。栄養分が多くて傷みやすいので、保存は冷蔵または冷凍で。

村上式「朝たん」×2

たんぱく質と炭水化物は3食それぞれに摂らなければいけませんが、特に意識したいのが朝食です。

2024年1月、テレビ番組『あしたも晴れ！人生レシピ』（NHK Eテレ）に出演したとき、こんな質問を受けました。

「80歳を超えてなお、毎日働いている村上さんの元気のもとは何ですか？」

「朝たんと朝炭水化物です」が、そのときの答えです。「朝たん」×2ですね。

「朝たん」は朝食でたんぱく質をしっかり摂ることです。たんぱく質は体内で代謝や免疫の維持に必要なアミノ酸に分解されますが、夕食で摂ったたんぱく質は約8時間しか体内にとどまることができません。朝、起きたときにはほとんど使い果たしています。朝たんぱく質を摂ることで、アミノ酸不足を補い、筋肉が分解されるのを防ぐことができます。私の場合、撮影など仕事に入るとお昼はいつ食べられるかわからないこともあるので、1日がスタートする前に朝食で必ずたんぱく質を摂ります。

長年の習慣になっているのが、朝起きたらまず飲むミルクティー。電子レンジで紅茶をいれて、牛乳、砂糖、粉ゼラチン、アマニ油を加えます（作り方は5ページ）。

牛乳は鉄の多い豆乳に替えることも。砂糖は黒砂糖やきび砂糖も使います。この1杯でたんぱく質10・4gになります。朝起きたらまずはたんぱく質たっぷりのミルクティーを飲んでみませんか？　食欲がなくても温かい飲み物を摂ることで、体が目覚めて、元気が出ます。

「牛乳の他に、大人のための粉ミルクや粉ゼラチン、アマニ油も入っているミルクティー？　ピンピン元気な村上さんが言うのなら、真に受けてやってみるか！」と思ってくださるとうれしいです。

朝ごはんの納豆、卵、玄米ごはんで、たんぱく質は13・7g。ミルクティーのたんぱく質10・4gを加えて24・1gになります。シニア女性で1食につき25gたんぱく質を摂っていれば、骨も筋肉も安泰だそうです。

この「朝たんぱく質」に加えて、習慣にしているのが「朝炭水化物」。ごはん、パン、麺、何でもいいのですが、食べ慣れたものを定番にするといいですね。

赤黄緑の「3色食品群」を基本にする

食事を作り慣れてきたら紹介したいのが、赤黄緑3色の食品群です。栄養バランスを取るために、1食で何品も作らなくてはいけない、という考えもありますが、もっとシンプルにいきましょう。

小学生のとき、学校給食の時間に、赤黄緑に色分けされた円を見ましたね。食品に含まれる栄養の働きを3色のグループに分けて整理しています。あの表は子どもの食育のために使われていますが、大人の食育にも有効です。基本の枠組みとして頭の中に入れておくといいと思います。いくつになっても3色の食品を摂るように心がければ、栄養バランスを維持することができます。

赤＝血液や筋肉のもとになるたんぱく質食品。肉、魚、卵、牛乳・乳製品、大豆とその加工品など。

黄＝体内で糖質に変わり、血液にのって体中をめぐり、エネルギーを供給する炭水化物食品。ごはん、餅、うどん、そば、パスタ、パン、いも類など。

緑＝腸活の原点になる食物繊維の供給源で、体の調子を整え、代謝を助けるビタミン、ミネラル、ファイトケミカル（植物由来の、健康に役立つ抗酸化物質）を含む食品。野菜、果物、海藻、きのこなど。

3色を自分流で取り入れる

次は栄養知識の実践編です。
例えば、朝ごはん。

赤＝納豆・卵
黄＝ごはん
緑＝野菜の味噌汁

シンプルですが、これでも3色はクリアできます。

「1日3食、毎回料理はできない」という人は、コンビニで買ってきたっていいのです。私も急な買い物でときどきコンビニをのぞきますが、日々商品が進化していて、驚きます。「若い人のための店でしょ」「健康的ではない気がする」と敬遠する人がいますが、もったいないです。コンビニ利用のメリットを享受しましょう。

＊時間帯を気にせずいつでも行ける。
＊ひと通り何でもそろっている。
＊1食分のパックになっている商品がたくさんある。
＊たんぱく質、塩分、カロリーがパッケージに明記されている。健康管理がしやすい。

コンビニで買った食品と冷蔵庫にある食品で作るごはんを紹介します。

1　具だくさんインスタントラーメン

インスタントラーメンの麺1袋を鍋に入れ、水を加えて火にかける。煮立ったら、添付のスープの素や香味油を加えて火を止め、丼に移す。キムチ、ちりめんじゃこ、きゅうりの漬け物、ちくわをのせる。

2　冷凍うどん豪華版

鍋に水を300ml入れる。めんつゆ（2倍濃縮）大さじ1を加え、冷凍うどん1パック（200g）を加えて火にかける。煮立ったら火を止め、丼に移す。小ねぎの小口切り、へたを取ったミニトマト、ウナギのかば焼き、豆腐をのせる。

3　麻婆《マーボー》丼

丼に冷やごはん（パックごはんでも可）を入れる。ラップをして電子レンジ600Wで3分加熱。市販品の麻婆豆腐1パックのふたを取り、市販のせん切りキャベツをのせふんわりとラップをかけて、電子レンジ600Wで2分加熱。ごはんにのせる。

4　から揚げ丼

丼に冷やごはん（パックごはんでも可）を入れる。市販品の鶏から揚げ5個をのせる。ラップをして電子レンジ600Wで5分加熱。取り出してラップを取り、サラダ野菜を添える。

5　カレー丼

丼に冷やごはん（パックごはんでも可）を入れる。レトルトカレーをかける。

ラップをして電子レンジ600Wで6分加熱。取り出してラップをはずす。

6　棒棒鶏《バンバンジー》丼

丼に冷やごはん（パックごはんでも可）を入れる。もやしをのせる。サラダチキン1パックの袋の口を開け、コーヒーカップの底などかたいものでパックの上からたたいてほぐす。ごはんにのせる。ラップをして電子レンジ600Wで6分加熱。取り出して刻み小ねぎをのせ、マヨネーズ大さじ1としょうゆ小さじ1を混ぜてかける。

7　牛丼

丼に冷やごはん（パックごはんでも可）を入れる。たまねぎ1／2個を幅1㎝の半月切りにしてのせる。牛大和煮1缶を缶汁ごと加える。ラップをする。電子レンジ600Wで6分加熱。取り出してラップをはずす。

8　ねばトロ丼

丼に冷やごはん（パックごはんでも可）を入れる。ふんわりとラップをする。電子レンジ600Wで3分加熱。納豆1パックにたれ、刻み小ねぎを混ぜてごはんの上にかけ、市販の青菜のごまあえをのせ、市販の温泉卵を割り入れる。

9　チーズピラフ

模様のない耐熱皿（直径22㎝程度）を用意する。コンビニの冷凍ピラフをのせる。ピザ用チーズをたっぷり散らす。ふんわりとラップをする。電子レンジ600Wで5分加熱。取り出してラップをはずす。こしょうをふる。

10　アサリがゆ

丼におにぎり（好みの具）1個を入れる。水300mlを注ぐ。アサリ（水煮）小1缶（40g）を缶汁ごと加える。グリーンピース（水煮）小1缶（40g）の水を切って加える。ふんわりとラップをし、電子レンジ600Wで6分加熱。

3色をそろえるとともに、スマホでカロリーやたんぱく質を計算しながら選ぶとなおよいです。1回の食事で、エネルギー600kcal、たんぱく質30gが摂れれば、健康的に命をつないでいけます。

食べておいしければ、スマホで写真を撮っておくといいですね。書きとめるとなると面倒ですが、写真なら簡単です。写真がたまっていくと、自分の好みもわかってきます。塩味のラーメンが好きだ、となればそれを定番にして、具を変化させていけばいいと思います。

たんぱく質と野菜は「ひとり鍋」でクリア

赤黄緑のうち、黄はごはんを食べればいいので簡単ですが、厄介《やっかい》なのは赤と緑です。「ひとり鍋」なら同時に摂れますので、試してみてください。基本ルールは、こちら。

水1カップ＋野菜200g＋たんぱく質食材100g

野菜は何でもOK。たんぱく質食材は、肉でも魚でもエビでも豆腐でも食べたいものを。例を3つ紹介します。

〈つゆしゃぶ鍋〉

1　大根10㎝長さはいちょう切りに（または十字に4等分しスライサーで薄

切りに)、水菜100gは4㎝の長さに、長ねぎ50gはせん切りにします。

2 鍋に水1カップを注ぎ、白だし(またはめんつゆ3倍濃縮)大さじ1を入れて火にかけます。好みの刺身と1の野菜を少し入れ、火が通ったら器にとり、小ねぎの小口切りをふって食べます。続いて残りの刺身、野菜も同様に食べます。

〈鶏鍋〉

1 鶏もも肉100gはひとくち大に切ります。

2 キャベツ2枚(100g)は3㎝角に切ります。しめじ1パック(100g)は石づきを除いてほぐします。

3 鍋に水1カップを注ぎ、しょうゆ大さじ1、みりん大さじ1を入れ、1と2を加えて火にかけます。鶏肉は煮えるまで時間がかかりますが、火が通ったものから汁と一緒に取り分けて食べます。

〈**ポトフ風鍋**〉

1　じゃがいも1／2個は皮をむいて2等分し、たまねぎ1／4個は2つに切り、にんじん2／3本は乱切りに、フランクフルトソーセージ100gは幅1㎝の斜め切りにします。

2　鍋に水1カップを注ぎ、顆粒コンソメ小さじ1／4、ケチャップ大さじ1を入れ、1を入れて火にかけます。じゃがいもがやわらかくなるまで10分ほど煮ます。

3　取り分けて、マスタードをつけて食べます。

※フランクフルトソーセージの代わりに、ウインナーソーセージ、ベーコン、ハムでも。締めに餅を煮て、こしょうをひとふりしてもOK。

第二章

体の不調とつき合っていく

不調対策には

体の不調の改善には食事でできることがあります。

料理教室の生徒さんから、新聞連載や単行本の読者の方々から、また講演会や施設訪問で、たくさんの質問を受けます。体の不調について相談されることも増えました。その方に不足していると思われる栄養素と、手軽にとれる方法をお答えしています。いくつか紹介します。

「脚がつる」悩みにはマグネシウム

シニアの方から「夜、脚がつる」という悩みを聞くことがあります。原因のひとつとしてマグネシウム不足が考えられます。ミネラルには対《つい》となるプラザーイオンがあります。お互いに協力し合って働く関係ですね。マグネシウム

（マイナスイオン）のペアはカルシウム（プラスイオン）です。筋肉の収縮はカルシウムの刺激で起こりますが、マグネシウムにはこれを必要に応じて弛緩《しかん》させ、調節する役目があります。

マグネシウムが多く含まれる玄米、大豆、野菜を多く摂ることをおすすめしています。

便秘にも効果的なマグネシウム

先日、82歳の読者から「相談がありますたい」とお電話がありました。

「ごはんをお腹いっぱい食べると、そのあとお腹が痛くなる」とのこと。

「野菜はたっぷり食べとるのに」と原因が思い当たらない様子です。

「ひょっとして義歯ですか？」とたずねると、そうでした。

歯の噛み合わせが悪いと、野菜を食べていてもうまくすりつぶせず、そのまま飲み込んでいるのかもしれません。濾《こ》さないタイプの野菜ジュースで食物繊維を、やわらかくて歯が悪くても食べやすいバナナでマグネシウムを補給することをおすすめしました。マグネシウムには腸内の水分を引き出して便をやわらかくし、肛門の筋肉を緩め、排便をしやすくする作用があります。

鉄は意外なものにも含まれている

「成長期の娘たちにもっと鉄を摂らせたい」という相談もありました。若い人に限らず、女性は鉄不足の人が多いです。

私自身は、これまで熱を出したことも、風邪をひいたこともないんです。「くたびれた」こともありません。あるとき、健康診断で血液を調べたのですが、赤血球数とヘモグロビンの値が年齢の基準値を上回っていました。鉄が足りていると、酸素や栄養成分の運び方がいいんですね。だから疲れ知らずなんだ、と自分で納得しました。

これは食生活によるもので、鉄が多い食品、特に大豆をこまめに摂っているからだと思います。料理教室で生徒さんに、鉄が豊富な素材としてはカツオ、アサリ、レバー、青菜と並んで大豆や大豆製品がある、と話したらみなびっくり。レバーの赤色とは対照的な、白い大豆に鉄が多いとは、意外だったようです。

鉄が豊富な豆乳を使った、飲みやすいドリンクを紹介します。

〈甘酒豆乳〉

1　玄米麹《こうじ》甘酒（とろみのあるタイプ）と無調整豆乳を冷蔵庫に冷やしておきます。

2　グラスに甘酒半分弱、豆乳半分強の割合で注ぎ、混ぜながら飲みます。

「高血圧」対策には「酢＋糖分」

高血圧や高コレステロールの改善に酢が有効であることは、実証されています。これまでの研究で1日大さじ1の酢を6週間摂り続けると、血圧やコレステロール値が低下することがわかっています。

酢単体ではなく糖分とともに摂ると効果が高まります。酢に含まれている酢酸《さくさん》は、私たちが体内に持っているエネルギー代謝システム「クエン酸回路」（TCA回路）に欠かせない物質ですが、糖分を加えると、このしくみが活発に動くのです。糖分に含まれるブドウ糖がエネルギー源として使われて、回路がより活発に活動するんですね。

酢＋糖分のドリンクです。電子レンジを活用して作ります。

〈レモン酢〉

1　レモン1個は湯（蛇口から出るお湯でよい）をかけながら、表面をたわしで洗い、ペーパータオルで水分を拭き取り、幅1㎝ほどの輪切りにします。

2　瓶に1と氷砂糖100gを入れ、酢200㎖を注ぎます。

3　ふたはしないで、電子レンジ600Wで30秒加熱します。

4　取り出して、ふたをします。常温で12時間置いたらできあがり。

※常温で1年間保存可能。氷砂糖は黒砂糖、上白糖、きび砂糖でもいいですが、沈殿しやすいのでこまめにかき混ぜます。酢は米酢、玄米酢、黒酢、リンゴ酢のどれでもOK。

※ロックや、炭酸水、水、お湯で割ってサワーとして飲みます。紅茶に大さじ2〜3加えたり、牛乳100㎖に大さじ1〜2を加えて飲むヨーグルト風にしてもいいです。魚料理やとんかつにかけたり、

酢の物やサラダに大さじ1をふりかけるのもおすすめ。

〈バナナ黒酢〉

1　バナナ正味100gを2㎝の輪切りにします。

2　瓶に1と黒糖100gを入れ、穀物酢200mlを注ぎます。

3　ふたはしないで、電子レンジ600Wで30秒加熱します。

4　取り出して、ふたをします。常温で12時間置いたらできあがり。

※常温でも冷蔵保存でもOK。1年間保存可能。飲み方はレモン酢と同様。2週間たったら、バナナは取り出します。

※酢のパワーに加え、バナナに含まれるペクチン、オリゴ糖、黒糖のカルシウム、リン、鉄、カリウムなど豊富なミネラルにより、血流がよくなり、エネルギー代謝が高まります。

亜鉛と味覚

調剤薬局に勤める薬剤師で料理教室の生徒さんから質問がありました。「食べ物の味がしなくなったという患者さんが、医師から亜鉛不足と診断され、処方箋《せん》を持ってきました。日常生活ではどんな食べ物がよいかアドバイスを求められたのですが」とのこと。

亜鉛は、動物性の食品に入っています。おすすめは、鶏レバーのつや煮です。

〈鶏レバーのつや煮〉

1 鶏レバー100gは房ごとに切り離し、大きな房は2つに切ります。
2 塩小さじ1をふり、指先でからめ、軽く水洗いをします。
3 鍋に水2カップを入れて沸かし、2を加え、再び煮立ったら網《あみ》じゃくしですくい上げます。

4　別の鍋にしょうゆ大さじ1、砂糖大さじ1、酒大さじ1を入れて、3を加えて強火にかけます。レバーから水分が出て煮汁が増えますが、箸《はし》で混ぜながら、焦げつく寸前まで煮詰めて火を止めます。

そのままでは食べづらいと感じる年配の方なら、たれと一緒にフードプロセッサーにかけてそぼろ状にしておけば、いつでもごはんにちょっとかけられます。常備菜向きです。

にんにくパワーは素晴らしい

私がにんにくのパワーに注目したのは、1990年のことです。

それ以前は、日本にとって野菜の持つ力は薬膳《やくぜん》的な理解が一般的でした。

1990年にアメリカ国立がん研究所が作成したデザイナーズ・フーズ・ピ

ラミッドを目にしたとき、栄養学に携わる者として衝撃を受けました。野菜には、人間の健康に作用する機能性成分があり、それによって、がんの予防が期待できることがわかったのです。期待できる効果の高さによってピラミッドが作成され、頂点に位置したのは、にんにくでした。

また一方で、にんにく研究の第一人者である生理学者・有賀豊彦先生監修のもと、株式会社健康家族の公式サイトのグランドオープンに際し、「にんにく大辞典」作成に携わり、にんにくの効果効能をまとめました。

にんにくの素晴らしさに魅入られて、日常生活で取り入れるためのレシピを数々開発した中で、血圧、血糖値やコレステロール値が高い人のために「たまねぎ氷®」というものを発案したのですが、トラック運転手の方から「持ち運びができない」という声が届きました。そこで思いついたのが、にんにくとたまねぎを組み合わせた「にんたまジャム®」でした。

にんにくは、多くの有効成分を含む食材です。

にんにくに含まれるスコルニジンは、血中の悪玉コレステロールを抑えて善玉コレステロールを増やすとともに、血管を拡張させ、血液を固める血小板の力を抑え、血栓や高血圧を予防します。

またにんにくは、日本人に不足しているビタミンＢ１をたまねぎの12倍も含んでいます。

本来、体力増強・疲労回復は、コンスタントなエネルギー補給で改善されます。そのためのエネルギー代謝には、炭水化物をブドウ糖に変えたり、疲労したときにたまる乳酸を除去する補酵素としてのビタミンＢ１が欠かせませんが、水溶性のため吸収率が低いのです。にんにくは、水溶性のビタミンＢ１を腸で吸収されやすい脂溶性に変える働きを持つアリシンという成分を持っているため、効率的に吸収することができます。

にんにくとたまねぎを電子レンジ加熱し、甘味を加えた「にんたまジャム」は、りんごジャムのような風味で食べやすく、開発以来、私自身が毎日食べ続けています。まわりからも体調改善の報告を受け取ることが多い、おすすめの健康食品です。

〈にんたまジャム〉

1 たまねぎ500gは皮をむき、上側と根を切り落とし、十字に四つに切ります。にんにく100gは皮をむきます。

2 耐熱ボウルに1を入れ、水100mlを加え、ふんわりとラップをします。電子レンジ600Wで14分加熱します。

3 2を汁ごとミキサーに入れて、砂糖30g、レモン汁大さじ2を加え、トロトロになるまで回します。

4 3を耐熱ボウルに戻し、ラップはかけずに電子レンジ600Wで7分加熱します。

5　熱いうちに乾燥している瓶に移し、ふたをします。

※常温で1か月、開封後は冷蔵で1か月保存可能。

※ジャムとしてパンにつける、紅茶に入れる、麺に添える、煮物の調味料としてなど用途はいろいろ。

「にんたまジャム」は、商品化もされています（「村上印　元気ジャム　にんにくと玉ねぎ」　150g　972円税込み）

問い合わせ先＝ローズメイ　フリーダイヤル0120-083-083

にんにくには他にも自然治癒力を高めて風邪などの感染症から身を守る働きをしたり、免疫機能を調整してアレルギーによる諸症状をやわらげる効果もあります。血行を促進し、冷えやむくみの解消も期待できます。

日常の料理にアクセントとして取り入れるとよいと思います。にんにくを使った自家製調味料をいくつか紹介します。

〈酢にんにく〉

1　にんにく1かたまり（正味100g）の皮をむいてポリ袋に入れ、外から麺棒などでたたいて砕きます。

2　瓶に1を入れ、ラップをして電子レンジ600Wで1分加熱します。

3　酢100ml、砂糖大さじ1、塩小さじ1／2を混ぜて砂糖を溶かし、2に注ぎ、ふたをします。12時間後から食べられます。

※酢に漬けて空気から遮断するので、成分の酸化が起こりにくくなります。にんにくを粒のまま漬けてもOK。その場合は2週間後からおいしく食べられます。常温で1年間保存可能。

※エビのにんにくマヨあえ、ぎょうざ（にんにくは刻んで中の具材に

混ぜ、漬け酢はたれに混ぜる）、オムライス（チキンライスに酢にんにくを加える）などに。

〈しょうゆにんにく〉

1　にんにく1かたまり（正味100g）は皮をむいてみじん切りにします（フードプロセッサーにかけてもOK）。

2　瓶に入れ、ラップをして電子レンジ（600W）で1分加熱します。

3　2にしょうゆ100ml、酢大さじ1を注ぎ、ふたをします。12時間後から食べられます。

※にんにくを粒のまま漬けてもOK。その場合は2週間後からおいしく食べられます。冷蔵で1年間保存可能。

※ねぎトロ（まぐろのぶつ切り、しょうゆにんにく、万能ねぎをたたいてあえる）、蒸し野菜のにんにくバター添え（バター、しょうゆ

にんにく、オリーブオイルを合わせて電子レンジ加熱)、焼きめし(しょうゆの代わりにしょうゆにんにくを使用)などに。

〈味噌にんにく〉

1　にんにく1かたまり(正味100g)は皮をむいて薄切りにします。

2　耐熱ボウルに移し、ふんわりとラップをして電子レンジ(600W)で1分加熱します。

3　2に味噌100g、砂糖50gを加えて混ぜ、瓶に入れ、ふたをします。

※にんにくを粒のまま漬けてもOK。その場合は2週間後からおいしく食べられます。常温で1年間保存可能。

※鶏肉のにんにく炒め、小松菜のにんにく炒めなどに。

〈オイルにんにく〉

1　にんにく1かたまり（正味100g）は皮をむいてみじん切りにします。瓶に入れ、ラップをして電子レンジ600Wで1分加熱します。

2　1にオリーブオイル100mlを注ぎ、ふたをします。

※にんにくを粒のまま漬けてもOK。その場合は2週間後からおいしく食べられます。常温で1年間保存可能。

※アサリの蒸し煮、ブロッコリーのペペロンチーノ（オイルにんにくと赤唐辛子をフライパンで温め、ゆでたブロッコリーとパスタを加える）、鶏そぼろのレタス包み（鶏ひき肉、赤唐辛子、たまねぎ、ピーマンをオイルにんにくで炒める）などに。

食が細くなってきたら「間食」をこまめに摂る

歳を重ねて「一度の食事で食べられる量が減ってきた」という人には「間食」がおすすめです。間食といってもお菓子ではありません。ゆで卵、ちくわ、チーズなどを冷蔵庫に常備し、つまみ食いをするとたんぱく質を補給できて、体がシャンとしてくれます。私のお気に入りは、ちょっときざですが、デパ地下の専門店で購入するブルーチーズやカマンベールチーズ。もちろん6Pチーズも大好きです。

長年一緒だった相方が先に亡くなって、ひとり残される。これからは、ひとり暮らしの高齢者が増えていきます。残されるのが今まで料理をしてこなかった男性であれば、自炊初心者ですから大変です。いっぽうで料理大ベテランの女性の場合は、心の糸が切れてしまうようです。「食べさせる相手がいないから何も作る気がしない」となり、食生活がおざなりになってしまうと聞きます。小さなおにぎりでも買ってきた惣菜でもいいから、食べ続けなくてはいけません。これまでは家族が喜ぶものを作ってきたのだから、今後は自分が好きなものを食べませんか。私のようにときにはぜいたくをして、デパ地下で輸入品のチーズやハムを調達し、おいしいパンやグリーンサラダを添えて、心を浮き立たせてはいかがでしょう。

飲み込みづらいと感じるときは、小さく切るだけの「ひとくち食」を

歯の状態が悪かったり、飲み込みづらくなってきて通常の食事が食べられない場合は、小さく切ってみてください。40年前、私が口腔《こうくう》外科の手術を長期間受けていたときのことです。退院直後、家族の食事を作ると、自分用に介護食

を用意する余裕はありませんでした。そこで、家族と同じものを小さく切ってみました。箸で口に運べば、歯がなくても舌と上あごにはさんでつぶし、味わいながら食道まで送り込むことができるとわかりました。太巻き寿司《ずし》1切れは6等分に、いなり寿司は8切れ（縦2つ、横4つ）に切ります。

朝食に和食ではなくトーストを食べてきたというシニアの方が案外多いです。パンは飲み込みづらくなった、と言わないで、トーストにバターを塗り、12個のサイコロ状（縦4つ、横3つ）に切って1個ずつ口に入れれば、食べやすくなります。スライスチーズをのせて焼いてもよいですね。トースト＆ミルクティーといったなじみの朝食を食べ続けることができます。

歯のトラブルとは、40年以上のつき合い

30代後半のある日、大好きな梅干しの種の中の核《さね》を食べるため、奥歯でいつ

ものようにカリッと割ったとたんに、激痛に見舞われました。40度を超える高熱が出て、顔も腫《は》れあがり、頭痛が絶え間なく襲ってきます。慌てて病院に駆け込みます。口腔外科、脳外科や耳鼻科と回りましたが原因が見つからず、50軒は訪ねました。メンタルの不調だと思われたのか自律神経失調症の薬を出される始末。熱と痛み、悪寒が引かない日々が始まりました。

原因がわかるまでに、4年近くかかりました。あるとき、夫から「虫歯とかが原因じゃないの?」と言われ、近所の歯科医院で金冠を外したところ、血《ち》膿《うみ》が流れ出し、救急で歯科大学病院に運ばれました。判明した病名は、慢性顎《がく》骨《こつ》骨髄炎。20代で抜歯した親知らずの処置が悪かったことが原因です。完治するまでには、さらに4年の年月が必要でした。手術した回数は8回、合計14本の歯を抜くことになりました。

抜いた歯の代わりに義歯を入れ、隣の歯にブリッジをかけます。時間が経つと、ブリッジをかけた歯が重みに耐えかねて、ぐらぐらと根元が揺らぐことに。長年これを繰り返すうちに、79歳で私の歯はすべて義歯になりました。そして最後の自分の歯を義歯にしたとき、これが合わず、食べられるものが限られるようになったのです。

「このままでは、食べ物がちゃんと嚙めなくて、栄養失調でお陀仏《だぶつ》になります！」とお医者さまに申し上げました。歯の状態がよくないので、たんぱく質食材も野菜も嚙み砕くことができません。

現在かかっている歯科医師の方が、自前の歯が生えていたときの状態に戻すために、みごとに調整を繰り返してくれています。すりへった歯茎（粘膜）を整え、かたい義歯を合わせていきます。0・5㎜でもずれていたら、飛び上がらんばかりの痛みです。こうして2年近く、歯と格闘する日々でしたが、なんとか食事が摂れるようになってきました。もう少しで、ちゃんと嚙み合わせのできる義歯が完成する予定です。

料理教室の生徒さんで、歯を8本抜いた人がいました。あるとき、人前で食事をするのに躊躇《ちゅうちょ》する、ということで欠席の連絡がきました。教室では料理の実演の後に、フルコースで一品ずつ食べていただくことになっているのですが、持ち帰りも可能です。その場で食べる必要はないので、教室の活気に触れたくなったらまた来てください、と言いました。

私は全国各地に講演に行くのですが、出張先で主催者が食事の席を設けてくれることがあります。上等料理ですが、同席する男性たちとは食べる量もスピードも違います。頃合いを見て、持参した容器に食べきれない分を詰めます。帰りの電車でいただくようにしています。

骨量が年齢相応に

2023年の8月、自宅スタジオの床ですってんころりと転んで、大腿骨《だいたいこつ》を骨折。救急車で運ばれ、手術。翌日からリハビリが始まりました。管理栄養士として、入院食の経験はまたとない機会です。一日三回、写真を撮り、メニュー表にはメモを書き込み、資料を作成。いっぽうリハビリは順調に進み、ステッキがあれば歩ける状態になりました。出張を控えていたこともあって、10日で退院しました。

退院後、経過を診《み》てもらいに整形外科に行きました。骨量を検査してもらったところ、年齢相応に数値が下がっているそうです。

月に1回通院し、骨量を増やす効果のある薬剤の皮下注射をしてもらっています。

大腿骨骨折で入院した際の病院食は、興味深かったです。よく考えられている、と感心するいっぽうで、「私ならこうする」とアイデアが浮かびました。

カルシウムの吸収を助けるためには〝干ししいたけを食べるとよい〟と言われてきました。大学でもそう教えてきましたし、実生活では広口瓶に干ししいたけと水を入れて冷蔵庫に常備し、まめに使ってきました。

研究が進み、学説が変わり、カルシウムの吸収を助けるのはビタミンD3だとわかりました。干ししいたけやきのこ類に含まれるのはビタミンD2。水溶性で、骨を形成する力は弱いのです。ビタミンD3の供給源は動物性食品、中でもサケ類（シロサケ、ベニサケ、ギンザケ）やマイワシ、サンマ、ウナギ、ちりめんじゃこ、アンコウの肝《きも》など魚介に多く含まれます。

ビタミンDの1日の摂取目安量は、5年ごとに改定される食品成分表によると、

六訂（2010年）3μg（マイクログラム）
七訂（2015年）5・5μg
八訂（2020年）8・5μg

度肝を抜かれるほど、上がってきました。

100歳に向けて、心して摂取していきたいと思います。

第三章

料理家・村上祥子の現在形

かっこよく生きたい

「かっこいい」ことが大好きです。

大学の家政学部に進学し、食物学を専攻し始めて「しまった！」と思いました。当時の私にとって、自分で選んだ道ながら、栄養士がかっこいい職業だとは思えなかったのです。在籍した大学では、九州大学医学部出身でアメリカの大学で学び、大学病院に戻り研究生活を送っていたドクターが生理学の非常勤講師として教えておられたのですが、その先生の話が興味深く、「医学部を受け直してドクターになろう」と考えました。が、父の反対にあいます。

「では、アメリカに行こう」と方向転換。アメリカでは病院勤務の栄養士は、ドクターと一緒に患者に向き合って仕事ができると知ったからです。調べて手続きを始めましたが、アメリカ大使館から取り寄せた奨学金の書類がたちまち父に見つかり、こちらも断念。

卒業後も、栄養士の仕事に就くつもりはありませんでした。結婚した頃に、管理栄養士の国家資格制度ができて、夫が取得を勧めたのですが、それも断ります。

いっぽうで食品成分表は面白くて、熟読し、多くのことを学びました。例えば、鉄。鉄は鶏のレバーに多く含まれるのですが、チョコレートにも入っています。「どちらも茶色ね」と気づきます。鉄が含まれている食品は……などと一生懸命覚えなくても、色で探せばすぐ見つかります。知識があれば、人が必要としている情報を生み出す力になります。

その後、47歳の冬に管理栄養士の資格を取ろうと決意します。大学で栄養指導実習講座の非常勤講師になったとき、栄養士を誕生させる学校で教える自分が資格を持っていないのはおかしい、と思ったからです。1か月間試験対策の集中講座に通い、猛勉強をして無事、国家試験に合格しました。

栄養学の世界では、日々新しい情報が発信されています。得た知識を、料理家の立場で、どう日常の料理におとしこむかを考えることに、やりがいを感じます。資格を取ったことで、料理家としての仕事の幅が広がりました。

夫との別れから10年　今は自由になりました

料理教室を長年続けていますから、生徒さんも歳を重ねていきます。最近は、ご主人に先立たれる方もポツリポツリといらっしゃいます。お休みが続くなあと心配していたら、久しぶりにお越しになり、「実は……」と。

「ずっと、そばにいらっしゃいますよ」

私自身が感じていることを、そのままお話しします。

「だから何かあったときは、聞いてみるといいですよ。そばに、いらっしゃいますから」

先日、ランチでもどうかしらと思って電話してみました。まだ積極的に外に出る気持ちにはなれないようで、「お気持ちだけでじゅうぶんです」とのことでした。

私自身は夫を見送って10年が経ちました。今は、自由になって思いどおりに生きています。夫がいたときは、妻として常に夫の様子をうかがっていました。今は自分ですべてを決めます。責任も伴います。「夫と相談します」というフレーズを使って逃げることはできません。

先日、久しぶりにクラシックのコンサートに出かけました。学生時代は、絵も音楽も大好きだったのです。展覧会やコンサートに行きたいと思いながら、日々の忙しさに流されてきました。ふと「まずチケットを取ってしまえばいいんだ」と思いつき、出かけました。地元の九州交響楽団の公演で、フィンランドから来日したピアニストがゲスト出演していました。ピアノが奏でる超絶技巧の旋律とオーケストラの掛け合いを堪能《たんのう》しました。

会場にはシニアの男性たちが連れだって談笑する姿があり、「同世代の男性はこういう時間の楽しみ方をしているのか」と新鮮でした。夫が健在で一緒に来ていたならば、帰りに食事をして感想を語り合ったかもしれない。ふと、頭に浮かびましたが、それだけのこと。余韻にひたって、ひとりで帰ってきました。

ある著書の最後に「亭主は今も親友です」と書いたら、妹に笑われました。「あなたも、いずれそう思うようになるわよ」と返しました。

わくわくする素材

私は新聞で、新しく開発された食材の情報を得ると、開発した方にメールを送ります。面会の時間をいただいて、出向きます。試作品を持っていって、レシピの提案をします。長く料理家の仕事をしてきましたが、次々と面白い商品が現れるなあ、と感心しています。私が今、わくわくしている食材をご紹介します。

＊アマニ油とローストアマニ

最初の出会いは、2018年。雑誌で〝体によい油〟の比較特集があり、試す機会がありました。えごま油やココナッツオイルと並んでオメガ3脂肪酸（α－リノレン酸）が豊富な油のニューフェイスとして紹介しました。その後、株式会社ニップンからローストアマニを使った親子お弁当教室の依頼があり、さらにメニュー開発を続けました。

アマニ油は、亜麻科植物の種子「アマニ」を圧搾して取れる油。オメガ3脂肪酸を豊富に含みます。オメガ3脂肪酸は体内で合成できない必須脂肪酸で、体内でEPAやDHAに変換されます。これにより、血中の悪玉コレステロール値を低下させる、高めの血圧を下げるなどの効果が発揮されます。ドレッシングや、飲み物に加えて摂ります。

ローストアマニは、アマニそのものをローストしたもの。炒りごまと形状が似ています。ごまのように、和《あ》え物に混ぜたり、煮物にふったりして使います。アマニ油は1日小さじ1、ローストアマニは1日大さじ2くらい食べるのがおすすめ。

（写真右）α-リノレン酸が豊富なカナダ産ゴールデン種のアマニを使用。「アマニ油効果」180g
（写真左）オメガ3などの栄養がギュッとつまった粒を焙煎した香ばしい風味。「ローストアマニ粒」40g
問い合わせ先＝ニップン フリーダイヤル 0120-184-157

＊米糀ミルク

味噌で有名なマルコメから「プラス糀《こうじ》　米糀ミルク」という商品が発売されています。

米由来のビタミンEと米糀由来のエルゴチオネインを含んだ、植物性ミルクの発酵飲料という新しいジャンルの飲み物です。エルゴチオネインは希少アミノ酸の一種で、優れた抗酸化作用が期待できます。植物性なので乳糖不耐の体質の方でも安心して飲めます。

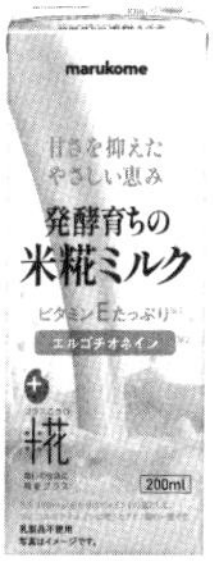

そのまま飲んでもいいし、コーヒーや紅茶に加えてラテにしても、くせがなく飲みやすい。
「プラス糀 米糀ミルク」（写真の200mlと1000mlがある）
問い合わせ先＝マルコメお客様相談室フリーダイヤル 0120-85-5420

＊ソイクル

あるとき新聞を読んでいて、「ソイクル」についての記事を見つけました。

開発した「株式会社上向き」の代表の白坂大作さんにお会いしたいと思いメー

ルを送ると、「弊社の応接室で会いましょう」と返事がきました。出向いた先は福岡市内の廃校になった小学校を再開発し、若手企業家が集《つど》うオフィススペースでした。

ソイクルは発芽大豆を丸ごと使ったフレーク状の大豆ミートで、うま味と栄養価を引き出してあります。コーンフレークのようにそのまま食べてもいいし、ひき肉のような使い方もできます。現在、株式会社ローズメイが、ソイクル味噌の製品化を進行中です。ソイクルを使用したパスタ用のボロネーゼソースやキーマカレーといった製品がすでに商品化されています。

(写真上)発芽大豆を丸ごと使った、高たんぱく・食物繊維たっぷりのソイフレーク。サラダやヨーグルトへかける、肉の代わりやかさ増しのために使用するなど、日々の食事に手軽にとり入れられる。「発芽大豆フレーク ソイクル」70g
(写真下)ドレッシングやパスタでおなじみのピエトロとコラボしたパスタソース。「畑生まれのボロネーゼ」130g
問い合わせ先＝soycle（ソイクル）support@soycle.com

＊フィシュル！

２０２２年2月23日付の西日本新聞の記事で「未《み》利用魚《りようぎょ》」という言葉が目に留まりました。未利用魚とは、骨が多い、えらが固い、うろこがかたいなどの理由で、網にかかって漁港に持ち帰っても魚市場で引き取ってもらえない魚のことです。「魚食の未来のために」未利用魚を活用したいと立ち上がったのが、井口剛志さん。記事掲載時は26歳、起業から4年が経っていました。

日本の食料自給率は、農林水産省の資料によると、カロリーベースで２０２３年度が38％。この数字は、アメリカの１０４％、カナダの２０４％、フランス

鮮魚を水揚げされた当日に手作業でさばき味つけして-30℃で瞬間凍結。和洋中と様々な味つけをそろえた、おまかせセットが月1回の定期便で届く。6パック5390円・10パック7980円・16パック11000円（各税込み・送料込み価格 ※北海道や沖縄などはプラス740円）
問い合わせ先=フィシュル! フリーダイヤル 0120-939-950 https://fishlle.com/

の121%やイギリスの58%、イタリアの55%に比べてもあまりに低く、先進国では最低です。今後、海外からの食料が日本に入りにくくなっていくことも予想されています。そんな時代に、井口さんのような若者が現れたことがうれしく、今後に期待しています。

井口さんの会社「株式会社ベンナーズ」が運営しているのは「フィシュル!」という魚の定期便。多様な魚の骨、うろこ、内臓を取り除き、刺身と同じ引き造りに。魚種に合った味をつけてパックし冷凍状態で配送します。味噌漬け、カルパッチョしょうゆ味など幅広い料理がセットになっていて、流水解凍をして、生食用はそのまま、加熱用はレンジ加熱や焼くなどして食べます。私も申し込みました。届いた箱ごと友人へのプレゼントにすることもあります。

フィシュル!の公式サイトに料理例が載っていますが、伝統的な和食が多く、もっとシンプルな料理のほうがニーズがあるのでは、と提案したところ、採用に。フィシュル！のオウンドメディアにレシピが掲載されています。

テレビ出演、とんぼ返りで東京へ

朝一便で福岡から東京に飛び、仕事を目いっぱいして、最終便で戻る。相変わらず、そんな日々を繰り返しています。

先日はＮＨＫのテレビ番組『あしたが変わるトリセツショー』に出演しました。当初は、東京から撮影クルーが福岡にお越しになり、私の料理スタジオで撮影したＶＴＲが流れる予定でした。その後「司会の石原さとみさんと二人で料理を作ってほしいので、東京に来てください」と連絡が入りました。指定されたのは、毎月開催している料理教室の日。火水木土の４日の中の水曜日です。返事を１日保留にし、スタッフ全員に相談。ＯＫをもらって、その後は生徒さん全員に電話をかけて了解を得たのちに、日帰り上京を決行です。

テーマは「コレステロール」。私は、「アマニ油」と「ローストアマニ」を使った料理を紹介することになりました。

「オメガ3は摂るタイミングも重要！　それを教えてくださるのはこの方」と石原さんの紹介を受けて、私は高校野球の入場行進よろしく「朝・オメガ」のプラカードを掲げて、天の岩戸のような隠れ家のドアを開けて登場しました。テレビならではの華やかな演出には驚きました。

料理は、アマニトーストをお目にかけました。夫がいた頃は、朝はトースト派の彼につき合って、私も自家製ジャムを塗ったトーストを食べていましたが、最近はもっぱらローストアマニのトーストを軽食として食べています。トーストした食パンにバターとはちみつを塗って、ローストアマニをふりかけます。ローストアマニには食物繊維もたっぷり含まれています。

ムラカミ流仕事術

50年前、東京・中野区の上高田の一軒家に住んでいたときの話です。畳敷きの居間に黒電話があった時代。新聞を開いたら、イタリア・ラゴスティーナ社の圧力鍋の広告がドーンと載っていました。いろいろな利点が書いてあり、販売会社の電話番号も載っています。早速電話して、こう言いました。

「鍋の購入ではないのですが、新聞広告を見て電話をしました。鍋の機能だけでは主婦はイメージがわきません。鍋にビーフシチューが入っていれば、あ、いいな、と思います」

受付の人が担当者につなぎ、話をします。担当者が我が家にいらして、「ぜひ四谷の本社に来てください！」と。それから仕事を一緒にすることになりました。

今でも仕事に対する姿勢はまったく変わっていません。商品を使ったレシピの打ち合わせに伺うときは、前もってスーパーでその商品を買い求め、複数の試作品を実際に作って持参します。自分の活動紹介として、近刊の単行本や連載している西日本新聞の紙面をお見せします。

そんなわけで、仕事に出かけるときは、常に大荷物です。もちろん自分ひとりで持って移動します。初めて会う人には、その姿を見て「おひとりでいらしたのですか！」と驚かれます。この元気も日頃の「食べ力」のおかげだと思っています。

ある日、面識のない昆布屋さんから突然メールが届きました。

「昆布の顆粒とパウダーを作ったので、ご意見をいただきたい」とのこと。

早速返事をしましたが、「これはお仕事ですか？」とまず確認しました。仕事であれば、簡単なものでいいので依頼書の送付をお願いします、と。

第三章

料理家・村上祥子の現在形

そして、提示された仕事内容と金額を見て、やりたいと思えば引き受けます。ボランティアではないので、お金のことをクリアにしておくのが大切だと考えています。ただ金額の多寡《たか》の問題ではなく、低予算でもやりたい仕事の場合は、どう工面して仕事を完結させるかを考えます。

最近、1冊の料理本を作る予算がかなり厳しいケースがありました。仕事としての収支を見れば、ギリギリのラインです。ただ、魅力的なテーマで、発表したいレシピがたくさんありました。引き受けました。

料理家の仕事は、レシピや料理写真をたくさんの方に見ていただいてはじめて「ヨシ!」という気持ちがあります。

仕事があると、料理スタジオがスタッフや撮影クルーでにぎわって生き生きします。撮影があるから、きれいに掃除をします。花も飾ります。何より、スタッフたちに仕事が生まれ、お金が回っていくのはうれしいことです。

結局このとき作った本は、出版記念のスペシャル料理教室開催に発展し、長年のファンという女性が遠方から訪ねてくださるという思いがけないできごとにつながりました。この方は、60歳で会社を定年退職し、その記念に「自分にご褒美《ほうび》を」と思い立って参加したそうです。

目の前の一つだけを見て考えるのではなく、視野を広げて、他のことも一緒にまとめて考えると、収支はいつもプラスになる。私はそう考えています。

自分のためにお金を使う

「もう歳だから！」とよく耳にしますね。82歳の私は、何をもって、『歳』というのか理解できません。

最近になって、プライベートスペースのトイレをリフォームしました。もと

もとは、料理教室を開いているスタジオ階にあるトイレを改装したのが始まりでした。生徒さんやスタッフが日常的に使う場所なので、思い切って新しくしてみたら、最近のトイレってすごいんです。まず、水の使用量が3分の1になりました。水の流れ方にもどうやら工夫があるらしく、とてもきれいに流れます。おかげで、ごしごし掃除をする必要がなくなりました。あまりに素敵で楽もできるので、自宅スペースのトイレも新しいものに入れ替えることにしました。

工務店の方から、「先生が毎日使うんだから、そういうものから新しくしたほうがいいですよ」と言われて、そのとおりだなと納得。

家を使いやすいようにアレンジするのは、もともと大好きです。ずっと夫のものを置いていた部屋を改装して、会計事務の部屋に作り替えました。引き戸を淡いグリーンに塗り替えて両サイドに金の取っ手をつけてもらいました。使いやすくなり、気に入っています。

毎日の暮らしの中で、自分への投資は必要ですね。そのためにも「儲《もう》ける」必要はないけれど、お金が回っていく程度には収入を得られるように、年齢を重ねても元気なうちは仕事を続けたいと思います。

旧友とのつき合い

人とつながる作業をおっくうに思わないで、ネットワークを網の目のように張り巡らしています。

結婚をした20代の頃からの友人たちと、それぞれの転勤や転居で離ればなれになっても年賀状やはがきでつながっています。お互いが子育てに夢中の頃の、今でいう「ママ友」ですから、たくさんの思い出があります。

ある年、そのひとりから、年賀欠礼状を受け取りました。ご主人が亡くなったという知らせでした。ひとりになった彼女に残念、という思いを伝えるために、思い切って電話をかけ、「食事をしましょう」と約束をしました。

会ってみると、いろんな思い出話が出てきます。子どもにチューインガムを嚙ませて、甘くなくなったらペッと出させ、それをアパートのベランダの裏に貼りつけてコードを貼り（もちろん各家庭には許可を取り）アパートの両端にあった彼女と私の家の間に乾電池で作動するおもちゃの電話をつないだことがありました。子どもたちが自由に電話を使えるようにしたのです。そんなことをよく思いついたものだと大笑い。

そんな昔話で盛り上がった後は、補聴器の情報交換をしました。料理教室では、私が最年長。だんだん歳を重ねていく生徒さんたちにとっては「大先輩」というわけで、いろんなことを質問されます。補聴器についても教えてほしいという電話がかかってくることもあり、友人の話もとても参考になりました。

死について

歳をとると、みんな、心細くなるものです。身近な家族や友人の死に直面することも増えます。私の父は、自分自身の死について、いつも頭の隅から離れないようでした。私は父にこう言いました。

「父様《とうさま》、夜眠るときに、いつ眠ったのか自分はわからないでしょう！　死ぬことも、そういうものじゃないのかしら」

最後は、目覚めないだけ。そうなったら、きっと、「え！　今日が人生の最後の日なの」って、私はびっくり仰天するに違いないと思います。

第四章

元気の素！
福岡の「料理教室」

最初の料理教室

最初に料理教室を開いたのは、50年以上前。夫が東京の本社に勤務していた頃、夫の同僚の奥さんがアメリカ人で、「日本の家庭料理を教えてほしい」と頼まれたことがきっかけでした。その後、夫の転勤のたびに引っ越しましたが、料理教室は続けてきました。

現在、福岡の自宅に併設したスタジオで行っている料理教室は、基本的には月に4回。毎回、20〜25人の参加があります。用意する献立は12〜13種類。最初にみなさんの前で私が料理を始めから最後まで作ります。いわゆるデモンストレーションです。おすすめの食材を挙げ、簡単な食べ方も紹介。おすすめの道具を紹介することもあります。歳をとると「みじん切り」がおっくうになります。先日は「あじのさと」というフードプロセッサーをおすすめしました。容器もステンレスで軽くて使いやすいのです。それが終わったら、お花を飾ったテーブルで、でき立ての料理を順にサーブし、食べていただきます。

〈2024年5月の献立〉

1 乾杯！ Hotレモンサワー&トリュフオイル
2 大豆ミートのNew唐揚げ
3 ビタミンDたっぷり きくらげときゅうりのピリ辛あえ
4 電子レンジでカンタン塩麹
5 むぎゅっとアマニの鶏の唐揚げ
6 東筑軒のかしわめし
7 亜鉛で味覚が戻る 鶏肝のつや煮
8 イワシのかば焼き
9 甘酢にんじん
10 ハネないイカの天ぷら

11　こむらがえり予防・マグネシウムたっぷり　野菜氷のみそ汁
12　ポンデケージョ
13　まんまるフルーツ羹《かん》

食事中に、生徒さんにアンケートを書いてもらいます。これが、次の教室のテーマづくりのヒントになります。また、質問があれば、これもアンケート用紙に書き込んでもらいます。スマホを使っている人にはショートメールで、パソコンのこともあります。そうでなければはがきやお手紙を郵送、急ぐ場合は電話をかけて、お答えします。

「質問には必ずお答えする」は、長年続けている習慣です。

日々、更新

「先生、前に教えてもらったのと違います」

「レシピに書いてあるのと違いますね」

そんな指摘を生徒さんから受けることがあります。何十年も通ってくださっているベテラン生徒さんたちですから、ツッコミも厳しいんです。

そういうとき、私はにっこり笑って、堂々と答えます。

「私の情報は日々更新します」

「レシピも進化します」

ごまかしているのではなく、本当のことです。レシピは作るたびに、よりス

最新の「ムラカミ式ぬか床」は、幅7.5×長さ12.5×深さ5.5センチのコンパクトサイズ。きゅうりは半分に切るなど、容器のサイズに合わせて野菜を切ればいいのです。

ピーディに、調理器具の数を減らす方向に、変えているのです。

例えば、ぬか漬け。4年前に集英社から出版した『料理家　村上祥子式　78歳のひとり暮らし　ちゃんと食べる！　好きなことをする！』の中で「ムラカミ式ぬか床」を紹介しました。これも、4年で様変わり。今見ると、「えっ！　そんな面倒なことをやっていたの」と思います。当時は、「とても手軽」だと喜ばれたのですが、さらに手入れを簡単にしました。

〈82歳のムラカミ式レンチンぬか床〉（ふたつきの耐熱容器630ml1個分）

1　大きめのボウルにぬか150g、塩10g（塩入りのぬかを使うときは不要）、昆布茶10g、赤唐辛子の輪切り小さじ1／2を入れてざっと混ぜます。プレーンヨーグルト150gを加えて混ぜます。

2　1を耐熱容器に移し、内側についたぬかを拭き取り、クッキングシートをピタッとかぶせます。電子レンジ弱（150～200w）または解凍キーに30秒かけます。

3　取り出してふたをかぶせ、常温に1時間置くと、ぬか床の完成。冷蔵庫で保存します。

ひとり用ですから、ふたつきの小さな耐熱容器でじゅうぶんです。漬けたいときはぬか床全体を大きなさじで掘り起こすようにして混ぜ、野菜をぬか床に埋めて、再びクッキングシートをかぶせてふたをして冷蔵庫へ。10～12時間後から食べられます。

きゅうりは半分に切って漬けましょう。キャベツは1枚ずつに分け、レンチンして冷ましてからクルクルッと巻いてぬか床へ。塩をふる必要はありません。進化したレシピでは、捨て漬けも不要です。毎日かき混ぜることもありません。

お互いに、元気をチャージ！

生徒さんが食事を摂っている間は、ひとりひとりのそばにイスを持っていって話を聞きます。なにしろ34年間続いている料理教室ですから、生徒さんも私と同じように歳を重ねています。「膝が痛い」「指の関節が痛くて動かしにくい」「ヘルニアだと病院で言われた」など、体の不調の話もよく聞きます。プライベートな話もどんどん出てきますが、口外することはありません。

「誰かに聞いてもらいたかった」――みなさん、そう言います。そして、少し元気になったわ、と帰っていきます。

しばらく顔を見せない方もいます。そんな方にも、私は毎月、教室のご案内のはがきを出します。すると、あるとき、「はがきを見て、気持ちを奮《ふる》い立たせてきました」と。ご主人が亡くなってしばらく外出もしていなかったようでしたが、今日は久しぶりにいらしたのです。

久しぶりに来たその方が、帰り際に「ここに来たら、とたんに元気になりました」なんておっしゃることもあります。

料理教室に来ることで、月に1回、元気をチャージしている人が多いようです。それは、私も同じです。料理教室を開くことが元気の素になっています。

毎回、料理教室の最後には、こう声をかけます。

「わからないことがあったら、電話をください。あれこれ考えるより、聞いたほうが早いと思います」

すべての質問に答えます

料理教室には、毎回参加する常連の生徒さんが多いのですが、「一度来たいと思っていました」という方もいます。住まいが遠いと、福岡までの交通費もかかります。そういう方からも、メールで質問をいただいたら必ず答えます。「先生が、いちいち生徒さんの相手をするのは大変でしょう」と言われることもありますが、「話は何でも聞きます」と窓を開けていると、私自身が新しい視点を得られて、次のステップへと進んでいると感じます。

コツコツとそんなことを続けていると、どんどん世界が広がっていきます。面白い方に出会う機会も増えていきます。

生徒さんから見た私、「村上先生」とは

1990年、福岡市にスタジオ兼自宅を開設したときから料理教室に通っている生徒さんもいます。いちばんの古株は、城戸さんと野中さん。古参のお

元気の素！　福岡の「料理教室」

（写真上右）料理の実演中は、作っている料理や使っている食材に関することをお話しします。（写真上左）実演が終わると、紹介した料理をすべて、お出しします。食事タイムには各テーブルをまわって感想をうかがいます。（写真中右）ベテランの生徒さんからは、鋭い本音のコメントをいただくことも。（写真中左）料理は毎回10点以上、紹介します。前菜風に盛り付けるものから、メインの肉、魚、ごはんものまで、フルコース形式。スタッフ総出でサーブします。（写真下）スタッフはそれぞれ得意分野を持ち、かけがえのない人ばかり。長い人で35年、一緒に仕事をしてきました。

二人は、通い続ける理由の一つに「村上先生の料理は、時代に合わせて進化するから」ということを挙げてくれました。

「電子レンジでのじゃがいもの加熱方法も、これまでに3段階くらい進歩しました。常に、『簡単で、おいしい』を大事にしていて、昔のやり方に固執されないから、こちらが歳をとって、いろんなことがおっくうになっても、面倒にならないんです」と話してくださったのは、60代になって健康的に歳をとることをテーマにしているという城戸さん。野中さんは、「先生も生徒も、みんな一緒に歳をとっている感じが楽しい」と。

おわりに

通っている整形外科の待合室でのことです。ふと壁を見ると「80GO！（ハチマルゴー）」という赤文字が目に飛び込んできました。日本医学会連合による「フレイル・ロコモ克服のための医学会宣言」のポスターでした。

「人生100年時代　フレイル・ロコモを克服して80歳でも元気に出かけよう」というスローガンが掲げられています。

私は82歳。毎日働いて、食材の買い出しに出かけていますが、一般的な80歳はこういうイメージでとらえられているのか、と思いました。そういえば、まわりの同年代の患者さんは、家族に付き添われています。

デパートの化粧品売り場にコットン1パックを買いに行けば、「どうぞおかけください」「お疲れになりますよ」とイスを勧められます。気持ちはありがたいのですが、1日中、立って仕事をしている私には、無用です。

いっぽうで、年相応の変化を感じる場面も出てきました。出かける日は1日1万歩を歩く生活でしたが、今年の夏は猛暑で、タクシーを利用することが増えました。「自分のために、これくらいお金を使ってもいいだろう」。自分に言い訳をしていました。すると筋力の低下を感じるようになりました。2L×6本の水のペットボトルを階上まで運ぶのに躊躇して、スタッフに頼もうとしていました。今まではなかったことです。

相変わらず気力はみなぎっています。やりたいことも、まだまだあります。日頃、みなさんには「元気に生きる」ための料理を提案している私が、シャンとしていなくては、言っていることが絵空事になってしまいます。

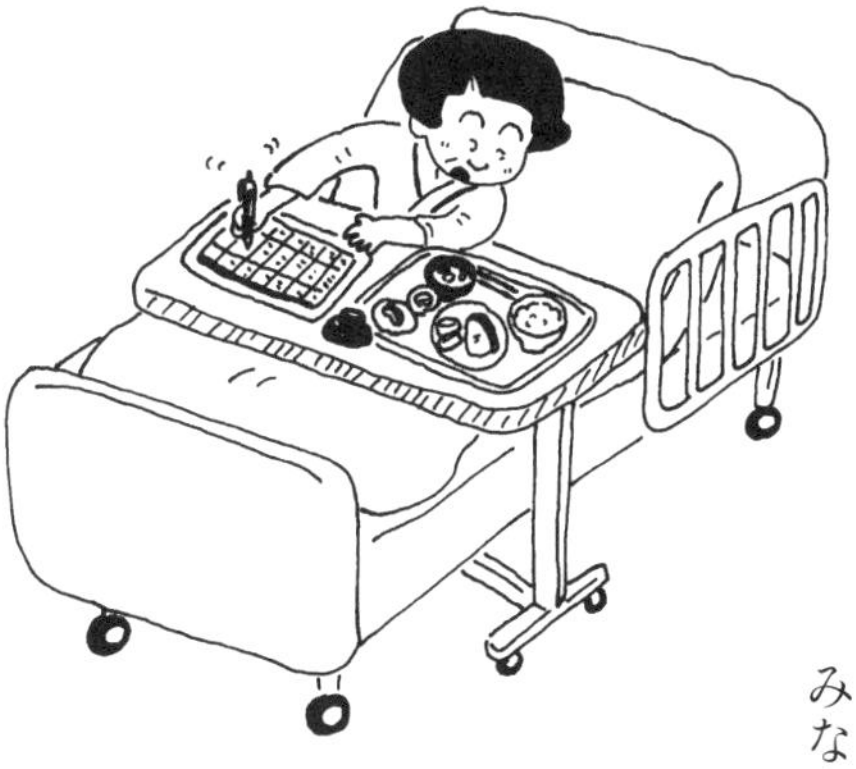

何歳になっても、自分に必要な栄養を知って、簡単なものでいいから食べ続ける。私自身も肝に銘《めい》じています。

料理のレシピ未満の簡単な食べ方を中心に提案しましたが、みなさんが自分なりの「食べ力」を養うのに役立てば幸いです。

２０２４年秋

村上祥子

撮影
山下みどり

イラストレーション
いちろう

ブックデザイン
アルビレオ

村上祥子

MURAKAMI SACHIKO

料理研究家、管理栄養士、福岡女子大学客員教授。1985年より福岡女子大学で栄養指導講座を担当。治療食の開発で、油控えめでも1人分でも短時間でおいしく調理できる電子レンジに着目。以来、研鑽を重ね、電子レンジ調理の第一人者になる。生活習慣病予防改善、個食時代の1人分簡単レシピ、小・中学校や幼稚園・保育園への食育出張授業、シニアの料理教室などあらゆるジャンルで電子レンジのテクを活用。『料理家 村上祥子式 78歳のひとり暮らし ちゃんと食べる! 好きなことをする!』(集英社)、『シニアひとりにちょうどいい　マグカップごはん(宝島社)など著書は580冊以上。

\ 料《りょう》理《り》家《か》 村上祥子《むらかみさちこ》式《しき》 /

食《た》べて生《い》きのびる食《た》べ力《ぢから》®

2024年12月10日　第1刷発行

著者 村上祥子《むらかみさちこ》

発行者 樋口尚也

発行所 株式会社集英社
〒101-8050 東京都千代田区一ツ橋2-5-10
電話 編集部 03-3230-6137
読者係 03-3230-6080
販売部 03-3230-6393（書店専用）

印刷所 大日本印刷株式会社

製本所 株式会社ブックアート

Printed in Japan ISBN978-4-08-781756-0　C0095